每日斯多葛

366次对智慧、毅力和生活艺术的沉思

The Daily Stoic

366 MEDITATIONS ON WISDOM, PERSEVERANCE, AND THE ART OF LIVING

[美] 莱恩·霍利得 (Ryan Holiday)
[美] 史提芬·汉赛蒙 (Stephen Hanselman) 著

中国青年出版社
CHINA YOUTH PRESS

图书在版编目（CIP）数据

每日斯多葛：366次对智慧、毅力和生活艺术的沉思 /（美）莱恩·霍利得（Ryan Holiday），（美）史提芬·汉赛蒙（Stephen Hanselman）著；戴晓晖，于秀秀，刘白玉译. —北京：中国青年出版社，2022.5
书名原文：The Daily Stoic: 366 Meditations on Wisdom, Perseverance, and the Art of Living
ISBN 978-7-5153-6598-5

Ⅰ. ①每… Ⅱ. ①莱… ②史… ③戴… ④于… ⑤刘…
Ⅲ. ①斯多葛派－哲学理论 Ⅳ. ①B502.43

中国版本图书馆 CIP 数据核字（2022）第038043号

每日斯多葛：366次对智慧、毅力和生活艺术的沉思

作　　者：［美］莱恩·霍利得　史提芬·汉赛蒙
译　　者：戴晓晖　于秀秀　刘白玉
策划编辑：高　凡　肖颖慧
责任编辑：于明丽
美术编辑：张　艳
出　　版：中国青年出版社
发　　行：北京中青文文化传媒有限公司
电　　话：010-65511272 / 65516873
公司网址：www.cyb.com.cn
购书网址：zqwts.tmall.com
印　　刷：大厂回族自治县益利印刷有限公司
版　　次：2022年5月第1版
印　　次：2024年5月第2次印刷
开　　本：880mm × 1230mm　1 / 32
字　　数：201千字
印　　张：12.5
京权图字：01-2019-7869
书　　号：ISBN 978-7-5153-6598-5
定　　价：69.00元

史提芬献给至爱朱莉娅（Julia）

她帮我找到了快乐

人群中，只有那些从容地为哲学留出时间的人，才算真正活着。他们不满足于细心守着自己的日子，把每个时代视作自己的附属，将往昔人类的所有收获存进自己的粮仓。只有忘恩负义之人，才看不明那些伟大思想的构筑者其实是为我们而生，并为我们设计了生活之路。

——塞涅卡

目　录

引 言

罗马帝国最伟大的皇帝之一撰写的个人日记、罗马最优秀的剧作家和最聪明的权力掮客之间的私人通信，还有曾经为奴、遭到流放、后变为有影响力的师者的演讲录。这些令人叹服的记述，历经磨难和两千年左右的洗礼留存了下来。

都写了些什么呢？这些古老又晦涩难懂的文字果真包含某些与现代生活相关的内容吗？事实证明，答案是肯定的，其中蕴含着世界历史上某种最了不起的智慧。

这些文字凑在一起，构成了斯多葛哲学的基石，作为一门古老的哲学，它曾是西方最受民众欢迎的信条之一，无论富人、穷人、当权者还是奋斗之士，在追求“美好生活”的道路上，都在践行斯多葛哲学。然而，几个世纪之后，这门一度对很多人不可或缺的、关于思考方式的学问，却渐渐淡出了人们的视野。

除了那些最热衷于追逐智慧的人之外，对于斯多葛哲学，人们要么是不了解，要么是误解，英语中的确难找到比“Stoic”遭受不公正待遇更多的词了。于普通人而言，这一充满生机、以行动为导向、打破范式的生活方式，已简化为“麻木无情”。提到哲学，人们常常会感到陌生或无聊，而满怀期待地将斯多葛哲学应用于日常生活更是一件不容易的事情。

本书的目的是恢复斯多葛哲学的正统地位，斯多葛哲学能够帮助人们拥有美好的生活，它是人们培养自律、毅力和追求智慧的工具，而非某种用于学术探究的深奥学问。

当然，历史上许多伟大的人物，不仅理解斯多葛主义究竟为何，还追寻着它：乔治 · 华盛顿（George Washington）、沃尔特 · 惠特曼（Walt Whitman）、腓特烈大帝（Frederick the Great）、欧仁 · 德拉克洛瓦（Eugène Delacroix）、亚当 · 斯密（Adam Smith）、伊曼努尔 · 康德（Immanuel Kant）、托马斯 · 杰斐逊、马修 · 阿诺德（Matthew Arnold）、安布罗斯 · 比尔斯（Ambrose Bierce）、西奥多 · 罗斯福（Theodore Roosevelt）、威廉 · 亚历山大 · 珀西（William Alexander Percy）和拉尔夫 · 沃尔多 · 爱默生（Ralph Waldo Emerson），每个人都读过、引述过、钦慕过斯多葛派哲学家。

古代的斯多葛哲学家，本身并不是无精打采的。本书中，你会遇到的几个名字：马可 · 奥勒留（Marcus Aurelius）、爱比克泰德（Epictetus）、塞涅卡（Seneca），其身份分别是罗马皇帝、曾做过奴隶但后来成功成为有影响力的演说家和罗马皇帝哈德良（Hadrian）的挚友、著名剧作家和政治顾问。斯多葛哲学家还包括小加图（Cato the Younger），是令人尊敬的政治家；芝诺（Zeno），是富商大贾（还有好几位斯多葛哲学家也是富商）；克里安提斯（Cleanthes），先前是拳击手，后做挑水夫供自己上学；克利西波斯（Chrysippus），曾是长跑运动员，他的作品全部散佚，但七百多部书籍均可证明；波西多尼乌斯（Posidonius），曾担任大使；墨索尼亚斯 · 鲁弗斯（Musonius Rufus），是老师；等等。

今天（尤其自《阻碍即道路》一书出版以来），斯多葛哲学又有了新的、各行各业的读者，从新英格兰爱国者队和西雅图海鹰队的教练团到嘻哈歌手艾尔酷杰（LL Cool J）和广播员迈克尔·塔弗亚（Michele Tafoya）以及诸多专业运动员、首席执行官、对冲基金经理、艺术家、管理人员和公务员，等等。

这些了不起的人物，究竟在斯多葛哲学中发现了哪些别人发现不了的内容?

数不胜数。虽然学术界通常把斯多葛哲学视作获取次要利益的过时方法，但很多学者已成为世界的践行者，发现这门哲学可以为他们挑战性的生活提供许多所需的力量和毅力。安布罗斯·比尔斯（Ambrose Bierce）是记者，也曾参加过内战，他给一位年轻作家建议道，学习斯多葛哲学能教他“如何做一个值得众神款待的客人”。画家欧仁·德拉克洛瓦［著名画作《自由引导人民》（*Liberty Leading the People*）］称斯多葛哲学为他的“心灵依托的宗教”，这些都是他们的经验之谈。勇敢的废奴主义者、陆军上校托马斯·温特沃斯·希金森（Thomas Wentworth Higginson）曾在美国内战中领导第一支全由黑人组成的军队，还翻译了爱比克泰德的著作，其译本位列史上最佳。

美国南方种植园主、作家威廉·亚历山大·珀西（William Alexander Percy）在1927年的大洪水中指挥救援工作，谈及斯多葛哲学时，他特别提到一句:“越是失去了所有，越不后退。”作家、天使投资者蒂姆·费里斯（Tim Ferriss）把斯多葛哲学视作理想的“个人操作系统”［其他高层管理人员，如康泰纳仕国际集团（Condé Nast International）首席执行官乔纳森·纽豪斯（Jonathan Newhouse）也赞同这个观点］。

但似乎斯多葛哲学专门是为战场精心设计的。1965年，“荣誉勋章”（美国授予英勇军人的最高奖赏）获得者、海军上校詹姆斯·斯托克代尔（James Stockdale）驾驶的飞机在越南上空被敌军击中，只好跳伞，最后承受了五六年的折磨和囚禁，当时他口中念叨的是谁的名字呢？爱比克泰德。据说，腓特烈大帝骑马入战场时，鞍囊中装着斯多葛学派的书籍，还有海军军官、北约司令官詹姆斯·马蒂斯（James Mattis）将军，负责海湾地区、阿富汗和伊拉克的部署时，随身带着马可·奥勒留的《沉思录》。事实再次证明，这些人不是教授，而是践行者，他们发现，斯多葛哲学作为一门实践哲学，十分符合他们的目标。

从古希腊到罗马时代，再到今天

斯多葛哲学是公元前3世纪初期由基提翁的芝诺（Zeno of Citium）创立的一门哲学，它的名字源自希腊语“stoa”，意为门廊，是芝诺最初给学生上课的地方。斯多葛哲学认为，美德（主要是指：自控、勇气、正义和明智）即幸福，而我们的困扰恰恰是对事物的感知（非事物本身）造成的。斯多葛哲学教导我们，人类无法控制或依赖任何外在的东西，爱比克泰德称为“理性的选择”，意为人们能用理性选择如何分类、回应，以及重新调整自己，以应对外在事件。

早期斯多葛哲学，是一门综合性哲学，同其他古代派别一样，它们的名字依稀还有些熟悉：伊壁鸠鲁学派、犬儒主义、柏拉图主义、怀疑论等。斯多葛哲学的支持者论及诸多主题，包括物理学、逻辑学、宇宙学等。在斯多葛哲学家赞成的类比中，有一个把它比为哲学的肥沃土壤。逻辑学是防护围栏，物理学是田地，而产出的作物是伦理学，或者说如何生活。

然而，随着斯多葛哲学的发展，重点主要集中在两个方面：逻辑学和伦理学。从古希腊到罗马时代，斯多葛哲学越来越具有实践性，勤勉的罗马人生活积极向上，脚踏实地，与斯多葛哲学相得益彰。马可·奥勒留曾言："我很有幸，内心有了斯多葛哲学的陪伴，由此我才不会掉入诡辩家的陷阱，也没有逃离去专事写作，或与人争辩，或忙于研究天空。"

马可（及爱比克泰德、塞涅卡）专注于一系列的问题，而这些问题，今天的我们依然在问自己："什么是最好的生活方式""我生气了该怎么办""我对人类同胞的职责是什么""我为什么怕死""遇到困境，我该怎么做""我该怎样应对成功和手中的权力"？

这些问题都不抽象，在他们的文字中（通常是私人通信或日记）、讲演中，斯多葛哲学家努力寻找真实、可操作的答案。最终，他们的思想围绕一系列练习，形成了三条核心原则：

感知原则（如何看、理解周围的世界）；

行动原则（所做的决定和原则，达到什么目的）；

意志原则（如何应对改变不了的东西，如何形成清晰又具说服力的判断，如何真正理解我们在世界中的位置）。

通过控制认知，斯多葛哲学告诉我们可以找到清晰的头脑，可以合理、正当、高效地引导我们的行为。在运用和调整意志时，我们可以找到智慧和视角，去应对世界摆在我们面前的所有问题。斯多葛哲学家相信，运用这些原则来强化自己和周围的人，可以培养适应力、找到目标，甚至带来快乐。

斯多葛哲学生于喧嚣动乱的古老世界，以日常生活不可预知的本质为目标，提出一套实用工具，供日常使用。现代世界，或许看似与雅典集会（Athenian Agora）、罗马广场和罗马法庭的雕漆门廊（Stoa Poikilê）相距甚远，但斯多葛人费尽心力提醒自己（参见12月10日），他们面对的一切，与祖先所面对的，没什么不同，而子孙后代也不会彻底改变人类生存的本质和目的。正如众多的斯多葛哲学家常说的：一天如是，天天如是。至今依然是真理。

而这句话，把我们带到了今天。

一本为哲学生活打造的哲学书

有些人压力大。有些人总加班。或许，你正因初为人母人父而手忙脚乱。或者，刚创业，一团糟，令你头大。或者，你已成功但正努力克服权力或影响带来的责任？或者，正拼命戒毒？深陷爱情？从一段糟糕的恋情换到另一段？离你退休的时间越来越近了？还是在享受青春奋斗的战利品？忙碌且积极？还是无聊透顶？

无论怎样，无论正经历什么，都有斯多葛哲学家的智慧来帮你。实际上，很多情况下，用他们的智慧解决问题，都清楚地给人一种特别现代的感觉，而这就是本书重点关注的。

本书直接选取斯多葛学派的经典语句，精选本门哲学后期的三位核心人物（塞涅卡、爱比克泰德和马可·奥勒留）的最佳原文翻译过来，外加前期哲学家［芝诺、克里安提斯、克利西波斯、墨索尼亚斯和希卡托（Hecato）］的语录。笔者在每段引语下，都试图通过讲故事、提供上下文、问问题、激励读者练习或解释引语作者的视角，以让读者对自己正在寻找的答案，有一个更为深刻的理解。

斯多葛哲学家的作品，无论在历史上如何潮起潮落，都永葆常新、顺应时代。笔者创作本书的目的，不在对其修改，或赋予现代化色彩，又或使其焕然一新（毕竟市面上有许许多多优秀的译文）。相反，我们志在将浓缩的斯多葛学派的智慧做系统化的整理，尽可能呈现为易消化、易理解、清晰连贯的形式。与此同时，本书为忙碌又积极主动的读者，提供了每日反思修身的形式，实用又中肯，呼应本书背后的斯多葛哲学家。而在斯多葛传统中，笔者添加材料，激励并帮助读者询问较大的问题。

本书编辑分三个主线（感知、行动和意志），再进一步细分成重要的主题，读者会发现，每月都强调一个特定的主题，每天都有新的方式去思考或行动。笔者在此处列出斯多葛派哲学家最为关心的领域：美德、死亡、情绪、自我意识、刚毅、正确的行动、解决问题、接受、头脑清楚、实用、无偏私的思想以及责任。

斯多葛哲学家奉行晨昏仪式：清晨准备，黄昏反思。笔者创作本书，也从这两方面帮助读者。每天一沉思，时长为一年（包括闰年多出的一天）。若你诚意想练习，可搭配一个笔记本，像斯多葛派哲学家常做的那样，记录和详述自己的思想和反应（参见1月21日和22日及12月22日的内容）。本书还为每天写日记的读者配有耐用的日记本：《每日斯多葛日报：关于生活艺术的366天写作和反思》。

推荐读者从开始阅读本书当天的日期开始，每天阅读对应日期的内容，读到年末，新年当天再从头开始。许多读者读书先一口气读完，某个时间再读时，每天再细嚼慢咽——本书无论怎么读，都不会改变它的力量。

这种亲身实践哲学的目标，是为了帮助读者过上更好的生活。

为此，我们为读者呈递此书。

第
一
辑

感知的原则

1月

清晰的头脑

1月1日
控制与选择

生命中的首要任务不过是：明确并区分不同的事物，如此，我就可以清楚地告诉自己，哪些是我无法控制的外部事物，而哪些必然与选择有关，是我实际可控的。然后，我去哪儿寻找善与恶？不是为不可控的外部事物，是为内心里自己要做的选择……

——爱比克泰德《哲学谈话录》（*Discourses*），2.5.4－5

践行斯多葛哲学，最重要的是区分我们可改变的和无法改变的：对什么有影响，对什么没影响。因天气原因，航班延误——不论冲着地勤人员怎样大喊大叫，暴风雨都停不了。不论许多少愿，也改变不了你的身高，或让自己出生在另一个国家。不论费多少力气，你都无法让别人喜欢你。另外，你在这些无法改变的事物上耗掉的时间，恰是在那些可以改变的事物上没花的时间。社区康复中心，在进行某种叫作“宁静祈祷”的活动：“上帝啊，赐我些安宁吧，好让我接受那些我改变不了的；赐我些勇气吧，好让我改变那些我能改变的；赐我些智慧吧，好让我知道这两者的区别。”吸毒成瘾，并不能改变儿时遭受的虐待。曾经做出的选择或者造成的伤害，不能一键撤回，但是人们可以借助当下拥有的力量改变未来。正如爱比克泰德所言，人们能控制此时此刻做出的选择。

对今天的我们来说，同样如此。如果我们集中精力，弄清楚哪些在掌控之内，哪些在掌控之外，不仅可以更快乐，比起那些不清楚自己正在打一场赢不了的战争的人来说，我们还拥有明显的优势。

1月2日
教育即自由

这些教育有什么成果？只有真正受教育的人收获了最美、最像样的成果：平静、无畏和自由。很多人说，只有自由人才可受教育，说这种话的人，我们不该去信，应该去信热爱智慧的人，他们说：只有受教育的人，才是自由人。

——爱比克泰德《哲学谈话录》，2.1.21－23a

你为什么拿起了这本书？或者说，为什么会拿起这本书呢？不是为了看似聪明些，不是为了在飞机上打发时间，不是为了看自己想看的内容，毕竟，还有很多比读书更容易的选择。

都不是！你拿起这本书，是因为你正在学习如何生活。是因为你想多些自由，想无所畏惧，还想获得平和的心态。教育（阅读、深思伟大思想家的智慧），不是为了教育而教育，教育有其目标。

当你感觉到心神分散，当你觉得比起读书和研究哲学，看看电视、吃点小吃才是不负时光，想想这件当务之急最该做的事情！知识，尤其是自我认知，即自由。

1月3日
不要紧的事，冷漠待之

> 在你尚未意识到自己正在失去什么的时候，你已荒废了多少生命，在毫无意义的悲伤（无病呻吟）、可笑的欢乐（无聊之乐）、贪婪之欲和社交娱乐上又浪费了多少——留给自己的，所剩无几，你会感觉自己阳寿未尽却已垂垂老矣！
>
> ——塞涅卡《论生命之短暂》(*On the Brevity of Life*), 3.3b

生活中，说“不”，是很难的一件事。对邀请、请求、职责，还有那些别人都在做的事儿，说“不”。再难一些的，就是对浪费时间的情绪说“不”：生气、兴奋、心烦、困扰、欲望，这些冲动，本身来说，似乎都不是什么大事儿，但任其发展，就变成了非做不可的事儿。

倘若你不提防，这些恰恰就成了支配和荒废你生命的麻烦事儿。你可曾想过如何把时间追回来一些，如何让自己少些忙碌？从学习说“不”开始吧，比如“不了，谢谢你”“不，我还是别牵扯其中了”“不，现在就是不行”。这么做，或许会伤感情，或许会拒人千里之外，或许得费些劲儿。但，你越是对不要紧的事儿说“不”，你就越有机会对要紧的事儿说“是”。这样会让你焕发生机，享受生活，享受你想要的生活。

1月4日
三大原则

你只需要这些：
当下明确地判断；
当下为公共利益而行动；
对当下出现在你生命中的一切都心怀感激。

——马可·奥勒留《沉思录》(*Meditations*), 9.6

感知，行动，意志，这三点有重合之处，却是斯多葛主义（以及本书的编写和你刚刚开启的一年旅途）的核心原则。当然，对哲学来说，不只这些，每个斯多葛哲学家都有自己独特的见解，这点可以讨论一整天："赫拉克利特这样认为……""芝诺来自塞浦路斯的基提翁，他认为……"但这些，对你的日常生活真有帮助吗？这些细枝末节，能让你头脑清晰吗？

不能！但下列提示，总结了斯多葛哲学最重要的三点，值得你每天都用，每次做决定时都用：

控制你的感知。

适当引导你的行动。

自愿接受控制之外的事情。

你需要的，就这么多。

1月5日
明晰你的目标

让你的所有努力都指向某个东西，始终关注那个目标。不是热闹的世事干扰人，而是错误的观念让人发疯。

——塞涅卡《论心灵的宁静》(*On Tranquility of Mind*), 12.5

"权力48法则"中，第29条是："全盘考虑，计划做到最后。"罗伯特·格林（Robert Greene）说："计划做到最后，你不会因意外情况而慌乱，也知道何时该停止。深谋远虑，可以温和地引导命运，帮你决定未来。"《高效能人士的七个习惯》中，第二个习惯是：以终为始。

心怀终点，并不能保证你能到达（斯多葛哲学家都不接受这类保证的假设），但若不心怀终点，就一定到达不了。对斯多葛哲学家来说，错误的观念（oiêsis）不仅会扰乱内心的安宁，还会给生活和活动造成混乱、失衡。如果你的努力不指向一个原因或目标，日复一日，你又如何知道自己要做什么呢？你如何知道该对什么说"不"，该对什么说"是"呢？对于所拥有的，何时知足？何时达成目标，何时脱离正轨？假若你从未确定那些东西是什么，又怎能知道这些问题的答案呢？

答案是，你做不到的。由此，就走入失败的境地，甚至更糟，因没有方向而迷失，走入愚蠢的境地。

1月6日
哪里？谁？什么？为什么？

> 不知道宇宙为何物的人，就不知道自己身在何处。不清楚生活目标的人，就不知道自己是谁，宇宙为何物。以上皆不知的人，就不知道自己为何身在此处。那么，连自己身在何处或自己是谁都不知道的人，却有人求其赞扬，也有人避其赞扬，又该如何评价呢？
>
> ——马可·奥勒留《沉思录》，8.52

美国已故喜剧演员米奇·赫德伯格（Mitch Hedberg，1968—2005）在其作品《机智》（*Tact*）中讲了个有趣的故事。当时他在做现场直播的访谈，电台主持人问他："那么，你是谁？"那一刻，他必须得想想，这个家伙是真的有内涵，还是我走错了地方？

人们被问及"你是谁"或"你在做什么"又或"你来自哪儿"等类似简单的问题，频率有多高呢？即便真的考虑过，但若把它看作是肤浅的问题，就不麻烦，不过给出一个肤浅的答案罢了。

不过，若有枪指着脑门，大多数人都无法给出很多实质性的回答。你能吗？你有没有花时间弄清楚"你是谁""你意味着什么"等问题？或者，你是否忙于追逐不重要的事，效仿错误的影响，追随令人沮丧，或不称心，又或根本不存在的道路呢？

1月7日
头脑的七个功能

头脑自身的任务是练习选择、拒绝、向往、排斥、准备、目标和赞成。那么，什么会污染并蒙蔽头脑自身的功能呢？什么都不会，除了头脑自身做出的错误决定。

——爱比克泰德《哲学谈话录》，4.11.6－7

我们先把每个任务解析一下：

选择——正确地做事和思考；

拒绝——诱惑；

向往——更好；

排斥——负能量、坏影响、不真实的东西；

准备——前方有什么，或无论会发生什么；

目标——指导原则，重中之重；

赞成——不被那些我们控制得了和控制不了的东西所欺骗（并准备好接受那些控制不了的事）。

我们必须明确，这就是头脑的功能，并把其他东西视作污染或蒙蔽。

1月8日
认清令你上瘾的东西

我们必须放弃很多令我们上瘾的东西，不再视它们为好东西。否则，勇气就会消逝，而这点本身就会不断验证。伟大的心灵也会迷失，除非它把乌合之众最渴求的东西全不放在眼里。

——塞涅卡《道德书简》(*Moral Letters*), 74.12b－13

我们视为无害的放纵，轻易就会沦为堕落的瘾。清晨来杯咖啡，很快，早上不喝咖啡，就无法开始一天的生活。因为工作，我们查看邮箱、信息，很快，就产生一种幻觉：口袋里的手机每隔几秒就响一次。很快，这些无害的习惯，主宰了我们的生活。

那些小小的冲动和欲望，不仅一点点地剥蚀我们的自由和主权，还蒙蔽了清晰的头脑。自以为可以自控——但真的可以吗？一个瘾君子曾说，上瘾就是人们已“失去了克制的自由”。让我们重拾那份自由。

对你来说，那种可以改变的上瘾是什么：碳酸饮料？毒品？抱怨？八卦？网络？咬指甲？虽如此，但你必须重拾克制的能力，因为克制之内，是你清晰的头脑和自制力。

1月9日
控制什么，不控制什么

有些事在我们的掌控之中，有些不在。我们掌控自己的观点、选择、欲望、厌恶，总之，均是自己的行为。我们控制不了自己的身体、财富、名声、地位，总之，不是自己的行为。甚至，在我们掌控之中的事情，本质上就是自由、无障碍、畅通无阻的，而那些不在我们掌控之中的，则很脆弱、言听计从，可以阻挡，不属于我们自身。

——爱比克泰德《指南》(*Enchiridion*), 1.1－2

今天，我们控制不了发生的外部事件。可怕吗？但只要你认清自己可以控制有关这些事件的观点，你就平衡了。你来决定它们是好是坏，公平还是不公平。虽然你控制不了局面，但你能控制如何看待它。

怎么做呢？每一件在你控制之外的事，如外面的世界、别人、运气、因果报应，无论什么，依然存在某个相应的区域，是你能控制得了的。单这一点，就给我们很多事可做，给我们很多能力。

最佳情况是：坦率理解什么在掌控之内，可以让我们真正清晰地认识世界——你完全拥有的，是你的头脑。记住，今天你曾试着向外扩展你的掌控范围　但若方向向内，情况会好得多，也更适宜。

1月10日
你若想沉稳

好的本质是某种理性的选择，恰如坏的本质是非理性的选择。那么，外在的事物又会怎样呢？它们只是我们做出理性选择的原材料，在与它们打交道的过程中，发现它究竟是好是坏。如何发现好呢？不要惊异于表象！因为，倘若对表象的判断是正直的，能让我们做出好的选择；但倘若判断是扭曲的，那选择就是坏的。

——爱比克泰德《哲学谈话录》, 1.29.1－3

斯多葛哲学家寻求沉着、稳定和安宁——这些是大多数人都渴求的，但似乎只是转瞬即逝的经历。这种难以实现的目标，他们是如何达成的呢？一个人如何体现“沉稳”[希腊语为“eustatheia”，阿里安（Arrian，86—160）曾用该词表述爱比克泰德的这一教义]？

不是运气！不是通过消除外界的影响或者逃离，来获得宁静和独处。相反，通过纠正自己的判断，对外部世界进行过滤。这是理智可以做到的——理智能获取外在事件扭曲的、迷惑的和绝对的本质，让它们条理清晰。

但，倘若因为不用理智而扭曲了判断，那么之后的一切都会随之扭曲，而我们会在生活的混乱和匆忙中，失去使自己沉稳的能力。若想沉稳、头脑清楚，正确的判断是最佳的途径。

1月11日
你若不想沉稳

若一个人把谨慎转移到自己的理性选择及那些选择的行动上，那他同时也会获得决心，以远离自己控制之外的事；但若把谨慎从自己的理性选择转移到自己控制之外的事上，以试图远离他人控制之内的事，那他就会焦虑、害怕、反复无常。

——爱比克泰德《哲学谈话录》, 2.1.12

禅宗大师给人的印象是，远在寂静青山或是坐落在某处悬崖峭壁的清幽寺庙里的和尚。在这方面，斯多葛哲学家恰恰与之相反。他们或身处闹市，或是罗马广场的参议员，或是等待丈夫从沙场归来的勇敢妻子，又或是在室内忙碌的雕刻家。但斯多葛哲学家的内心同样平静。

爱比克泰德曾言，安宁和稳定都源自你的选择和判断，而非你所处的环境。如果为了宁静而逃离一切纷扰，如他人、外部事件、压力，那你永远不会成功。无论跑到哪儿躲起来，你都摆脱不了那些问题。那些问题，源自没有好处且扰乱人心的判断，若你试图逃离这些，那么无论身处何地，你都不会安定沉稳。

1月12日
通往安宁的那条路

破晓时分，保持住这个想法，然后保持一整天、一整夜——通往幸福的路径只有一条，在于把你选择范围之外的一切都放弃，把其他一切都视作身外之物，交给神灵和命运处置。

——爱比克泰德《哲学谈话录》, 4.4.39

今天早上，提醒自己，什么在自己掌控之中，什么在掌控之外。提醒自己，把注意力集中在前者，而非后者。

午餐前，提醒自己，你真正拥有的，只有做选择（以及选择时运用理性和判断）的能力。永远无法从你身上完全取走的，仅此一件。

午后，提醒自己，除了所做的选择，命运不完全由你自己说了算。世界在转，我们也随之而转——无论朝向哪个方向，无论是好是坏。

傍晚时分，再次提醒自己，在你掌控之外的有多少，你的选择在何处开始，又在何处结束。

睡前，躺在床上，记住睡眠是放弃和信任的一种形式，轻易可得，准备好明天将这个日程再来一遍。

1月13日
控制圈

我们掌控自己的理性选择，所有行动都由此道德意志决定。不在我们掌控之内的：身体和身体的各个器官、财富、父母、兄弟姐妹、子女和国家——一切可能与我们有关的东西。

——爱比克泰德《哲学谈话录》, 1.22.10

这一点相当重要，经得住不断重复：一个智者知道什么存在于自己的控制圈之内，什么在其外。

好处是，记住控制圈内是什么相当容易，根据斯多葛哲学家的说法，控制圈内只包含一样东西：你的思想。没错，即便是自己的身体，也不完全在此圈内。毕竟，你随时都会生病或受伤。在国外旅游，有可能被投进监狱。

但，这都是好处，因为大大减少了你需要思考的量。清晰存于简单之中，同样是一公里的路程，别人背着一箩筐的职责（实际并不归他们管），而你只有一件。你只有一件需要管——你的选择、意志、思想。

所以，记住这一点。

1 月 14 日
剪断牵绊你内心的绳索

最后你要明白，你的体内，除了唤起肉欲和令你似牵线木偶的东西，还蕴含着更强大、更神圣的力量。此刻，什么想法占据着我的心灵？难道不是恐惧、怀疑、欲望或类似的东西吗？

——马可 · 奥勒留《沉思录》, 12.19

想在你的钱包分一杯羹或者抢走你一秒钟注意力的兴趣，都有哪些，在脑海中过一遍。食品科学家，正在研究开发你味蕾的产品。硅谷的工程师，正在设计像赌博一样能让你上瘾的应用软件。媒体，正在炮制引起你愤恨和怒气的文章。

作用在我们身上的诱惑和外力，让人分心，注意力不再集中于真正要紧的事儿，而以上这些，只是九牛一毛。庆幸的是，马可没有生活在现代，未接触现代文化中的这些极端面。但，他也知道很多分散人注意力的陷阱：八卦、无止境的工作，还有恐惧、怀疑、欲望。每个人都被这些内力和外力牵绊着，它们逐渐强大，越来越令人无法抗拒。

简单地说，哲学要求人们努力集中精力，努力超越贩夫走卒的身份。维克多 · 弗兰克尔（Viktor Frankl，1905—1997，奥地利心理学家、精神学家。——译者注）在《追求意义的意志》（*The Will to Meaning*）中说："人受动机的推动，却受价值观的牵引。"这些价值观和内在意识，会防止我们成为牵线木偶。的确，集中注意力需要努力和意识，然而，这可比被一根绳子牵着强，不是吗？

1 月 15 日
平静在于坚持到底

只有掌握坚定的、不动摇的判断力的人，才能获得安宁，剩下的人，则不停地在自己做决定时，犹豫不决，在不断拒绝和接受的状态中，摇摆不定。这种反复是什么导致的？是因为什么事儿都不清楚，这些人依赖最不确定的指引：大众的观点。

——塞涅卡《道德书简》, 95.57b – 58a

在《论心灵的宁静》的文章中，塞涅卡用到了希腊单词“euthymia”（意为“欣快”），他把这个词解释为“相信自己，相信自己走在正确的路上，不因追随无数条小路，即那些踟蹰在每个方向的人所走的路，而踌躇不决”。他说正是这种心态，造就安宁。

清晰的视野，让我们有此信仰。但这并不是说，做什么事都能百分之百地确定，或者应该百分之百地确定。相反，这指的是，我们确信自己正大体上朝着正确的方向前进——如此，就不必常与他人比较，或只因看到了新消息，每隔三四秒就改变主意。

明确自己的道路并坚持下去，就能找到安宁和平静：坚持到底——自然，得不断做判断——但要忽视那些扰乱人心的、使我们触礁的“花言巧语”（sirens，“塞壬”，古希腊神话中半人半鸟或半人半鱼的女海妖，以美妙歌声诱使航海者驶向礁石或进入危险水域，此处代指“花言巧语”——译者注）。

1 月 16 日
做事切不可盲从习惯

所以，大部分情况下，我们解决状况，不是根据正确的设想，多数是循着讨人厌的习惯。由于我之前说的都是这类情况，正在训练的人一定要寻求突破，如此，才能获得快乐，远离痛苦；不再执着于活着而痛恨死亡；在财富和金钱方面，不再把接受看得比给予重要。

——墨索尼亚斯 · 鲁弗斯（Musonius Rufus）

《讲课》（*Lectures*），6.25.5 – 11

一位工人被问及：“你为什么这么做？”他答道：“因为我们一直这么做啊。”这个回答，令每个优秀的老板灰心丧气，也令所有企业家目瞪口呆。这位工人已不再思考，而是循着习惯机械地操作着。一旦有竞争者，这个企业就会垮台，但凡有点儿思想的老板，都有可能把这样的工人炒掉。

对自身的习惯，我们也应如此不留情面地对待。实际上，我们研习哲学，恰恰是为了打破自己的机械行为。找出你靠机械记忆或固定程式做的事，问问自己：这真的是最好的办法吗？要清楚为什么这么做，要为了正当的理由去做。

1月17日
重启实际工作

> 我是你的老师，你现在在我的学校里学习。我的目标是带着你走向完整、不受妨碍、不因被迫而去做什么、不受限制、没有耻辱、自由、绽放、开心、大大小小的事都询问神灵——你的目标是学习并勤奋练习所有这些内容。既然你有正确的目标，我也有正确的目标和合理的准备，那你为何不完成这个目标呢？漏掉了什么？……这个目标相当可行，而且是我们能力之内的唯一……放下过去，我们必须重新开始。相信我，你会明白的。
>
> ——爱比克泰德《哲学谈话录》，2.19.29 – 34

你记不记得，上学的时候，或者你年纪还小的时候，因为害怕失败而不敢去尝试某件事？大多数青少年选择游手好闲，而不选择努力。敷衍了事、懒散怠惰，给了他们现成的借口："那不要紧。我都没试。"

但随着年龄的增长，失败，也不再那么无关紧要了。重要的不再是某次随便的成绩、校内体育比赛的奖杯，而是你的生活质量和与周围世界打交道的能力。

但是，别被它吓到。你拥有世界上最棒的老师：那些曾经鲜活的、最智慧的哲学家。你不但有这个能力，而且教授给出的要求也是很简单的事：开始你的任务。剩下的随之而来。

1 月 18 日
像诗人和艺术家那样看待世界

与自然和谐相处，度过这段短暂的时光，然后优雅地去到最终的安息地，就如一颗熟了的橄榄落地，赞扬着滋养它的那片土地，对给予它成长的那棵树，也心怀感恩。

——马可 · 奥勒留《沉思录》, 4.48.2

在马可的《沉思录》中，有一些令人赞叹的漂亮措辞——就目标读者（他自己）而言，文字处理是个惊喜。在一篇文章中，他赞扬自然过程的“迷人，很有吸引力”:“成熟的谷物弯着腰，狮子皱起眉头，野猪的嘴巴滴着泡沫。”对这些生动文字中的意象，我们应该感谢马可的修辞学老师——马库斯 · 科尼利厄斯 · 弗朗托（Marcus Cornelius Fronto，100—170）。弗朗托是人们公认的除西塞罗之外最优秀的雄辩家，马可的养父选他做马可的老师，教他思考、写作和谈吐。

除了华丽的辞藻，还教会了他，今天也教会了我们，以一个强有力的视角去看待普通的事件或看似丑陋的事件。艺术家从这个视角发现，生命的目标，不似果实熟了之后落地。诗人从这个视角发现，“烘焙的面包，现出了道道裂痕，虽不是面包师有意为之，却吸引眼球，吊足了胃口”，并在其中寻出比喻。

看到别人看不到的，在别人忽视的地方发现美和和谐，有明晰（和愉悦）的感觉，难道这不比把世界视作某种黑暗的地方要好得多吗?

1月19日
你去哪儿，选择就在哪儿

讲台和监狱，各是一个所在，一高一低，但无论在哪里，如果你愿意，都能保持选择的自由。

——爱比克泰德《哲学谈话录》，2.6.25

众多的斯多葛哲学家，在生活中都有着截然不同的社会地位。有些富裕，有些则生活在罗马严格等级制度的底层；有些生活轻松，有些则异常艰辛。我们也是这样，来自不同的背景，来寻求哲学，甚至在自己的生活中，也经历着一阵阵的好运和噩运。

但无论何种情况，逆境还是顺境，真正需要做的只有一件：把精力集中在自己掌控之内的事情上，而不是相反。此时此刻，或许我们因为困境而保持低调，然而，就在几年前，我们可能正挥金如土，奢侈浪费；或者，就在几天后，兴许因为做得太好，成功竟成了负担。但有一点不会变：选择的自由，无论是大局，还是细枝末节。

从根本上说，这就是清楚的头脑。无论我们是谁、身处何地——重要的是我们的选择。这些选择是什么？如何评价？如何做大多数选择？这些都是生活给我们出的问题，无关乎我们的地位，你又如何作答呢？

1月20日
重新点燃你的思想

你的原则不会熄灭，除非你扼杀了滋养它的思想，因为重新点燃新的思想，一直由你掌握着……再次开始生活，没什么不可能！重新审视你曾做过的事情——如此，重新开始生活！

——马可 · 奥勒留《沉思录》, 7.2

你是否曾有那么两三周过得很糟？你是否离你曾珍视的信条和信仰越来越远？这完全没有关系，所有人都会经历。

其实，也许马可也有过这样的经历——这就是他会随手写下这段文字的原因。或许，他曾与不好相处的元老院议员打交道，或者与他爱惹麻烦的儿子相处不睦。或许，在这些情况下，他的情绪会失控，绝望，或者不再反省，谁不会呢？

但需要提醒大家的是，无论发生什么，无论对自己过去的行为有多失望，信条本身并没有变，我们随时可以回身拥抱那些信条。昨天发生的，5分钟之前发生的，都已成过去。只要愿意，我们随时都可以重新点火、重新开始。

为何不马上开始呢？

1月21日
清晨仪式

清晨第一件事，问自己如下问题：
从激情中获取自由，我缺少什么呢?
安宁是为了什么?
我是什么? 仅仅是个躯体、财产持有人或者名声? 这些都不是。
那么，是什么呢? 理性的存在者。
那样对我有什么要求呢? 反思你的行为。
我是怎样偏离安宁的?
我做过哪些不友善、不合群或冷漠的事?
以上诸事，我哪些没有做到?

——爱比克泰德《哲学谈话录》, 4.6.34－35

许多成功人士都有清晨仪式。有些是冥想，有些是锻炼，很多人是写日志——就写几页，写下自己的想法、恐惧和希望。这些例子中，重点不在于做什么，而在于充满仪式感的反思。其理念是花些时间反思自我，检视自我。

花时间做这样的事，是斯多葛哲学家最倡导的。我们不知道马可·奥勒留写《沉思录》是在早上还是晚上，但我们知道，他是独自一人雕刻出那些时光——而且他写并不是为他人，而是为自己。如果你为开启自己的仪式，而正在寻一个地方，可能会不如马可和爱比克泰德做得好。

从今天开始，每天问自己这些同样的难题。每天清晨，让哲学和努力指引你寻找更好的答案，贯穿你的一生。

1月22日
自省的一天

我会不断检视自己，而最有用的是，每天我都会自省。因为我们没有人回想自己的生命，而正是这点，让我们不幸。我们考虑的不过是正打算做的事。然而为未来做的计划，来自过去。

——塞涅卡《道德书简》, 83.2

在给哥哥诺瓦图斯（Novatus）写的一封信中，塞涅卡讲述了一个有益的练习，是从另一位著名哲学家那里借鉴而来的。每天晚上，他都会变着法儿地问自己如下问题：我今天克制了什么坏习惯？我如何做更好的自己？我的行为合理吗？我如何改进呢？

每天清晨或夜晚，这位斯多葛哲学家坐下写日志，回想：他做了什么，他想了什么，什么可以改进。正因如此，马可·奥勒留的《沉思录》有点难以捉摸——毕竟它是为让自己清醒而写的个人作品，而非面向公众。写下这些斯多葛派的练习，无论过去还是现在，都是一种践行的方式，就像反复祷告或唱圣歌一样。

所以，要坚持写日记，无论是保存在电脑上，还是写在小笔记本上。自觉地花时间回顾前一天发生的事情，评价时不要畏缩。观察什么对你的幸福有益，什么有害。写下你想做的事，或是摘抄喜欢的句子。努力记录这样的想法，也就是你自己不想忘记的想法。额外奖励：你也会拥有一份记录自己进步的日记簿。

1 月 23 日
金钱的真相

> 我们把话题转到真正的有钱人——有多少场合他们看起来就如穷人一般！出国旅游时，他们必须得限制行李的重量，时间紧迫时，会撇掉自己的随从。而那些军队中的富人，留在身边的财物更是少得可怜……
>
> ——塞涅卡《致赫尔维亚的告慰书》
>
> (*On Consolation to Helvia*), 12.1.b－2

作家弗朗西斯 · 斯科特 · 菲茨杰拉德（F. Scott Fitzgerald，1896—1940），经常在书中美化富人名流的生活方式，如《了不起的盖茨比》，这部短篇小说的开头，如今已成了经典："我来给你讲讲真正的有钱人，他们与你、与我都不同。" 这篇小说发表几年后，他的朋友海明威嘲笑地写道："没错，他们钱多。"

塞涅卡要提醒我们的就是这个。塞涅卡曾是罗马最富有的人之一，亲身经历告诉他，金钱对生活只有略微的改变，没钱的人认为似乎钱能解决的问题并不能解决。其实，任何物质财富都解决不了，外部的东西无法修复内部的问题。

我们不停地忘记这一点，而这给我们造成了那么多困惑和痛苦。正如海明威后来评价菲茨杰拉德时写道："他认为有钱人是个特殊的、充满魅力的群体，而当他发现事实并非如此时，这事儿就像其他打垮他的事一样打垮了他。" 若不改变，我们也会如此。

1月24日
努力争取深刻理解

从拉斯蒂克斯（Rusticus）那儿……我学到了精读，不满足于大略地理解整体；就某件事有很多说法的人，也不急着去赞同。

——马可·奥勒留《沉思录》, 1.7.3

马可·奥勒留《沉思录》第一卷的开头是一连串感谢，挨个儿感谢他生命中有着重要影响的人。其中就有昆图斯·朱尼厄斯·拉斯蒂克斯（Quintus Junius Rusticus，100—170，罗马教育家、政治家，斯多葛哲学家，被奥勒留两度委派为执政官——译者注），他教给学生要热爱深刻的清醒和理解，那是一种学习时不只停留在表面的渴望。

这也源于拉斯蒂克斯把爱比克泰德引荐给了马可，其实，拉斯蒂克斯把他做的爱比克泰德的演讲笔记借给了马可。马可明显不满足于只读到这些演讲的大意，也没有听从老师的建议简单接受。保罗·约翰逊（Paul Johnson）曾开玩笑说，爱德蒙·威尔逊（Edmund Wilson）读书“就像作者在终身受审一样”。而马可也是这么读爱比克泰德的——当他认为学习效果合格后，也就吸收了，这些知识变成他的DNA的一部分。最终，在一生当中，他都在引用这些知识，在字里行间，甚至在他即将拥有的荣华富贵和无上权力之间，寻找真正的透彻和力量。

这也是我们需要培养的深度阅读和学习，也是我们一天只读一页，而非一目十行的原因。这样，我们就能花时间细读、深读。

1月25日
唯一的要事

还有什么可珍视的？我认为，在准备阶段，只针对符合需要的，有所为，有所不为……这就是教育和教学的作用——这就是所要珍视的！假若你坚定这一点，就会心无旁骛……否则，你不会自由、不能自给自足、摆脱不了愤怒，必然会对做到的那些人满腔羡慕、嫉妒和怀疑，还会阴谋暗算那些拥有你珍视的东西的人……但是，你要尊重自己的思想，珍视它，就会悦己，与你的人类同伴相处越发和谐，与神灵的步调越发一致——赞颂有序的和分配给你的一切。

——马可·奥勒留《沉思录》，6.16.2b－4a

沃伦·巴菲特（Warren Buffett，1930—　）的净财产高达近650亿美元，但依然住在1965年自己花31,500美元买的房子里。约翰·尤索（John Urschel）是巴尔的摩乌鸦队（Baltimore Ravens）的前锋，每年收入几百万美元，每年的生活开销却努力控制在25,000美元。圣安东尼奥马刺队（San Antonio Spurs）的球星科怀·伦纳德（Kawhi Leonard）合约高达9,400万美元，出门开的却是十几岁就在开的1997年产的雪佛兰太浩（Tahoe）。其实不是因为这些人很小气，而是对他们而言，重要的东西很便宜。

这些人最终功成名就绝非偶然，其生活方式，是清楚孰轻孰重的结果。由于他们所培养的兴趣，不会超越经济能力，所以，收入才能让自己自由追寻最在意的东西。这种清醒，清醒自己在这个世界上最爱什么，意味着可以享受自己的人生，意味着即便市场转冷或者事业因伤病中断，依然幸福。我们渴求得越多，必然就做得越多，才能赚取或赢得那些成就，如此，就越无法享受生活，也就越不自由。

1 月 26 日
曼怛罗（经文）的力量

若要把你头脑中不好的印记清理掉，不是通过不断地对自己说，我的灵魂里有一样东西，能够摈弃所有邪恶、欲望和任何形式的搅扰——而是，看清事物的真正本质，该怎样对待，我就怎样对待。要一直记着自然赋予你的这个力量。

——马可 · 奥勒留《沉思录》, 8.29

但凡上过瑜伽课或者接触过印度教或佛教的人，或许都听说过“曼怛罗”（mantra，祷告或冥想时反复念唱的咒语——译者注）。在梵文中，它的意思是“神圣的话语”，基本上是一个单词、一个短语、一个想法，甚至是一个声音，意在让人清醒或给予精神上的指引。冥想的过程中，曼怛罗尤其对我们有益，因为它能让我们集中精力，摈弃一切外物。

那么，马可 · 奥勒留提出了一句斯多葛学派的“曼怛罗”：当我们感受到错误的认知、干扰或是日常生活对我们造成伤痛时，它就是一个提醒或是提示。本质上是说：“我体内有摈弃那一切的力量。我能看到真理。”

你可以根据自己的喜好换别的措辞。这点由你决定。但要有一句“曼怛罗”，用它来寻找你渴望的清醒。

1月27日
训练的三个领域

一个人要想变得智慧、优秀，必须训练三点：第一，必须要处理欲望和憎恶，一个人或许永远不会错过欲望，或者说不知如何赶走它们。第二，必须要处理作为或不作为的冲动——宽泛地说，要有责任心——一个人要因正当理由，谨慎作为，不能粗心。第三，必须不受他人的蒙骗，要镇静，从整体上判断，对事物的感知，内心要赞同。其中，最主要、最紧迫的是第一点，也就是处理激情的问题，因为只有当无法满足欲望和憎恶时，才会产生激烈的情绪。

——爱比克泰德《哲学谈话录》, 3.2.1 – 3a

今天，我们把目光集中在爱比克泰德提出的三点训练上。

首先，必须要考虑我们应渴望什么，应厌恶什么。为什么？如此，我们才会想要好的，避开不好的。光听从你的身体是不够的——因为对人有吸引力的事物，往往让人分心。

其次，我们必须要检视做事的冲动——也就是我们的动机。在做的这些事情，是出于正当理由吗？或者因为尚未停止思考才有所为？或者认为我们必须要做什么？

最后，是我们的判断。运用自然赋予我们的天赋时，诱彻且恰当地看待事物的能力就会出现：理智。

以上就是训练的三点，但实践时，三者是紧密相连的。判断影响欲望，欲望影响行为，而判断决定行为。但我们无法预料这些会发生，人们必须把真实想法和能量注入生活的各个方面。如此这般，才能达到真正的清醒和成功。

1月28日
观察智慧的人

认真、仔细观察人们的主要原则，尤其是智者，这些人避开什么，追逐什么。

——马可·奥勒留《沉思录》，4.38

塞涅卡曾说："没有尺子比量，你无法把曲线改成直的。"这就是智者在我们生活中的作用——担当榜样，给予灵感。我们要抛开想法，检验假设。

对你而言，成为什么样的人，取决于你自己。或许是成为你父母那样的人，或许是哲学家、作家、思想家就是你的那个榜样。

但我们还可以选择某个人，观察他做什么（不做什么），并努力去做同样的事。

1月29日
保持简单

每时每刻，对手头的任务，要保持坚定的信念，就如罗马人和人类，做事要有严格又简单的尊严、情感、自由和正义——其他原因就不要考虑了。如果你把每一个任务都当作最后一个来处理，绝不分心、抛开让你不理智的情绪，不看戏剧，放下虚荣心，不再抱怨分配是否公平，那你就能完成。你会发现，把几件事做到精通，会让你过上丰富又虔诚的生活——因为，如果你把目光集中在这些东西上，神灵就不再要求什么。

——马可·奥勒留《沉思录》, 2.5

每天都会考虑很多东西。我该穿什么？他们喜欢我吗？我吃得够好吗？我的生命中下一个到来的是什么？老板对我的工作满意吗？

今天，我们就把目光集中在眼前的事上。新英格兰爱国者队的教练比尔·贝利奇克（Bill Belichick）送给队员一句格言："做你该做的事。"做事时，就像一个罗马人、一个好士兵、一位工艺大师。我们不需要迷失在千百件分散注意力的事上，或是别人的事上。

马可说，把每个任务当成最后一个任务来做，因为很可能就是最后一个。即便不是，糊弄眼前的事，也毫无益处。在今日之事的简单中，找到清醒。

1月30日
不必凡事都做到最好

如果你想进步，要满足于在无关的事情上表现得一无所知或者愚蠢，也就是不想在这些事上，看似博学多识。如果你认为自己很重要，那就怀疑自己。

——爱比克泰德《指南》, 13a

在超链接、全天候的媒体世界中，作为一个人类，你能做的其中一件最有力的事情是说一句“我不知道”。或说得再气人些：“我不在乎。”大多数社会人似乎都将其视为一条铁律，即一个人必须了解每件时事、观看每一集广受好评的电视剧、认真地追踪新闻，从而让自己在别人面前看起来见多识广、洞察世事。

但真的有必要这样吗？证据何在？警察迫使你做这种事儿了？还是说，你只是怕在聚会时看起来像个傻子？没错，你为了国家和家庭，对那些可能直接影响到他们的事件要有大体的了解，但仅此而已。

一旦彻底切断了“媒体消费”，你会有多少多余的时间、精力和纯粹的脑力可用呢？如果你不再因每件丑闻、大事儿或潜在的危机（话说回来，其中很多永远不会发生）感到兴奋、气愤难当，那你会有多少多余的充沛精力活在当下呢？

1 月 31 日
哲学是心灵的良药

不要像个监工一样回归哲学，要像治疗眼痛的病人求医问药，或是像烫伤了要包扎或寻找药膏一样回归哲学。如此看待哲学，你就会遵从理智，不把哲学当作展览品，而在它的照料下高枕无忧。

——马可 · 奥勒留《沉思录》, 5.9

我们越忙，工作、学习和读书就越多，漂流得也就越远。做事有节奏：挣钱、搞创意，然后受到鼓励、忙碌。似乎一切都很顺利，但我们离哲学越来越远。

最终，忽视哲学会产生问题，如压力增大，内心迷茫，我们不再记得重要的是什么，即导致某种伤害。一旦如此，踩刹车就很重要，别管什么动量和力矩。回到我们内心里植根在清楚的头脑、好的判断、原则和健康的生活之道和活动之中。

斯多葛哲学的宗旨，就是做心灵的良药。它安慰着现代生活的脆弱，帮我们恢复好好生活所需的活力。今天就用它检查一下吧，开始治愈之旅。

2月

心态与情感

2月1日
致头脑发热的人

当你感觉突然怒从心起，要时刻想着：暴怒并非男子汉气概的表现。相反，彬彬有礼和文明客气更能体现作为人的素养，因此也更有男子气概。一个真正的男人不会任由怒气和不满听之任之，这样的人有力量、勇气和忍耐力——不同于生气和抱怨。一个人离冷静的内心越近，离力量也就越近。

——马可 · 奥勒留《沉思录》, 11.18.5b

运动员为何要互骂脏话？为何趁裁判不注意的时候，故意向对手说挑衅和下流的言语？为了激起反应。分散他的注意力、激怒他，就能轻易将其击败出局。

发觉自己生气时，努力记住这一点。愤怒不会令人钦佩，也不厉害——是不对的，那是软弱的表现。再看看你目前正在做的事，它甚至可能是别人专为你挖的陷阱。

粉丝和对手都称拳击手乔 · 路易斯（Joe Louis）为“拳击场机器人”，因为他完全不动声色——举止冷酷、平静，比起疯狂的表情或情绪的爆发，更具威慑力。

力量是一个人控制自己的能力，它属于从不恼怒的人，属于从不慌乱的人，因为他们能控制自己的盛怒——而非被盛怒控制。

2月2日
合理的心态

如果像这样表达你的思想：你老了，不会再让自己受此束缚，不会再像个木偶一样受每个冲动的牵制，不再抱怨当下的命运，也不再害怕未来。

——马可·奥勒留《沉思录》, 2.2

我们憎恨那种走过来试图对我们指手画脚的人。不要告诉我该怎么穿戴、怎么思想、怎么做事、怎么生活，因为我们是独立的、自足的人。

或者，至少告诉自己是这样。

然而，如果有人说的话我们不赞同，内心告诉我们，必须要与其理论。如果面前有一盘曲奇饼干，就必得吃掉。如果有人做了我们不喜欢的事，就必得发火。有坏事儿发生时，必得伤心、沮丧或担心。但倘若几分钟后有好事儿发生，突然间，又开心、兴奋了，而且还想要更多。

我们永远不会让别人捉弄自己，同样，冲动也不行。是时候该这么想了——木偶会被人牵着这样或那样跳舞，我们不是木偶，不是因为不想做木偶，而是说，正因为我们是独立的、自足的人，所以就该做有能力掌控自己情绪的人，而非情绪的奴隶。

2月3日
焦虑的起因

当我看见一个人焦虑时，我会自问，他想要什么？

因为假如一个人并不想要自己掌控之外的东西，那他为什么会焦虑难受呢？

——爱比克泰德《哲学谈话录》, 2.13.1

焦虑的父亲，担忧自己的孩子。他想要什么？一个永远安全的世界。情绪激动的旅人——她想要什么？想要天气稳定，交通畅行，这样她就能坐上飞机。紧张的投资人呢？市场回温，还清投资。

所有这些场景，有一点是共通的。正如爱比克泰德所言，人们想要自己掌控能力之外的东西。生气、激动、焦急——这些紧张、痛苦、焦虑的时刻，展现出我们最无用、最奴性的时刻。盯着钟表，盯着股票行情的自动收报机，盯着对面的结账通道，盯着天空——好像我们都属于一个宗教信仰，相信只要献上平静的内心，命运之神就只送给我们想要的东西。

今天，你若发现自己焦虑，自问一句：为什么我的内心扭曲成结？此事我能控制吗，还是我的焦虑能控制？而最重要的是，焦虑对我有好处吗？

2月4日
论无敌

那么谁人无敌？是那些不为理性选择之外的东西心烦的人。

——爱比克泰德《哲学谈话录》，1.18.21

你是否见过一个经验丰富的老手与媒体打交道？问题都不太刁钻，语气都不太尖刻，也不侮辱人。他们用幽默、镇静和耐心，巧妙回避着每一次攻击。即便被刺痛或激怒，他们不畏缩，亦不反应。能够做到这一点，不仅因为培训或经验，还因为他们清楚，情绪化的反应只能让情况恶化。媒体正等着他们出错或生气，因此，为了顺利应付媒体事件，他们已内化了一个重要本领：让自己冷静地处于可控状态。

当然，今天你不大可能面对一群追根究底的记者，轰炸式地问你一些麻木不仁的问题。不过，无论有什么样的压力、挫折、超负荷袭来，它或许都会帮你构想出一个形象，当作你处理这些糟心事儿的榜样。我们的“理性选择”（斯多葛哲学家用的词是“prohairesis”），是我们可以培养的一种“无敌能力”。由此，我们可以摆脱敌意的攻击，轻松地克服压力、解决问题。而且，一旦完成，就可以像榜样一样，转身指着人群说：“下一个！”

2月5日
平复你的冲动

不要别人一试探就说出自己的想法，而是把所有冲动都化作公正的言辞，每次露面，都保护好自己明确的信仰。

——马可 · 奥勒留《沉思录》, 4.22

想想你生命中狂躁的人，不是因倒霉而忍受一团糟的人，而是生活和选择一团糟的人。凡事要么爬高，要么就低；日子要么充满惊喜，要么糟糕透顶。那些人就不疲惫吗？你难道不希望他们有一件过滤器，把好的冲动从坏的冲动中过滤掉吗？

世间就有这样的过滤器，公正、理智、哲学，如果用一句话来概括斯多葛哲学的中心思想，那就是：无论出现何种冲动，你要做的是控制它，就像驯服一条狗一样。简单说：三思而后行。问问自己：此事谁说了算？指引我的原则是什么？

2月6日
别找麻烦

我不赞同那些一头扎进混乱局面的人，还有那些接受混乱的生活、每天都精神百倍地对抗困难局面的人。明智之士会忍受，不做选择，也就是选择平和，而非交战。

——塞涅卡《道德书简》(*Moral Letters*), 28.7

西奥多·罗斯福（Theodore Roosevelt，1858—1919）曾做题为“竞技场上的人”的演讲，人们常常引用其中的句子，他把“脸上沾满尘土和血汗的人、勇敢奋斗的人”视作重要人物，与坐在局外的评论家做对比。罗斯福在卸任后不久，也就是他声名最显赫的时候，做了这次演讲。几年后，他又与自己的前门生竞选总统，试图再度入主白宫，但惨遭失败，甚至几乎遭人暗杀。还有，他曾在亚马孙的河流中探险，险些丧命，后在非洲游猎，猎杀了数千只动物，“一战”期间，又恳求伍德罗·威尔逊（Woodrow Wilson，1856—1924）总统，允许他参战，虽然当时已年届59岁。之后，他又做了很多众人纳罕的事。

西奥多·罗斯福算得上真正的伟人，但他还是受冲动的驱使，一种对工作和活动的瘾，似乎没有尽头。我们中很多人都有这种苦恼——被某种自己无法控制的东西驱使着。我们害怕停止，因此寻找困难、做事，以做消遣。即便和平实际上是更体面、更合适的选择，我们还是选择战斗——某种情况下的确如此。

的确，竞技场上的人令人钦佩，正如士兵、政治家、商人和其他各行各业的人。但是，此处要强调的是，只有为正当理由，才站在竞技场之上。

2月7日
恐惧的预言

许多人都毁于恐惧本身，还有许多人，或许在害怕命运的时候，就走向了命运。

——塞涅卡《俄狄浦斯》，992

英特尔公司前CEO安迪·格罗夫（Andy Grove）曾有句名言："只有偏执狂才能生存。"或许说得对。但我们也知道，偏执狂往往自毁，比任何敌人的速度都快，且引人注目。塞涅卡可以接近并观察罗马最有权势的精英阶层，在他眼中，这种动态性的博弈，生动得很。尼禄（Nero，37—68）是塞涅卡的学生，行为荒诞，塞涅卡曾试图阻止，但他不仅弑母杀妻，最后还把矛头对准了他的老师。

权力、恐怖和狂躁的结合，是致命的。领导者，深信自己会遭背叛，于是先发制人，先行背叛。害怕别人不怎么喜欢自己，于是使劲儿去赚取他人的喜欢，却产生了副作用。深信管理不善，于是什么都管，反倒酿成了管理不善，等等——我们害怕或恐惧什么，不过是盲目加给自己的痛苦。

下次你再害怕某个可能发生的可怕后果，记住，如果不控制自己的冲动，如果自我失控，或许你就会成为自己特别害怕的灾难的源头。聪明过人、位高权重、功成名就的人都躲不过，更何况我们普通人呢。

2月8日
那样你会好受点吗

你哭，我此时快难受死了！但怯懦地承受，会让你好受些吗？

——塞涅卡《道德书简》, 78.17

下次，你身边若有人情绪失控——大哭大叫，砸东西，尖酸刻薄，冷酷无情——观察后面这句话多久能让他们冷静下来：“希望这样你能好受点儿。”因为，这当然不能让你好受。只有在极端情绪的泡沫中，我们才能判断所有这类行为是否合理，而若有人要求我们去解释，就会怯懦或尴尬。

把那个标准用在自己身上是值得的。下次，你发现自己情绪失控，像得了感冒一样或呻吟，或哀叹，或流下悔恨的泪水，问一下自己：这样真的让我好受一些吗？这样真的能缓解我想摆脱的那些征兆吗？

2月9日
不必凡事都有主张

对一件事，我们有能力不持任何意见，且不让它扰乱心境——因为事情本身，没有能力影响我们的判断。

——马可·奥勒留《沉思录》, 6.52

有一个有意思的练习：把你不了解的所有令人心烦的事儿都想一遍，如别人在背后议论你的坏话，永远注意不到的所犯的错误，没发觉却扔掉或丢了的东西，你什么反应？没反应是因为你不知道。

换句话说，可以对一件消极之事不持任何意见，你只需培养那种能力，而不是偶尔运用它，尤其当持有意见或许会令我们更受刺激的时候。练习这种对某些事一点想法都没有的能力——假装这种事发生时，你什么主张都没有，或者假装从未听闻。让它对你毫不相干或毫不存在，这样，它的势头就会大大降低。

2月10日
愤怒等于火上浇油

没有什么比愤怒更乱人心智的了，生气本身的力量就很决绝。如若成功，不再傲慢；如若被阻，不再疯狂——因为即便失败，也不是由疲倦击退，一旦命运清除了对手，它也就只能冲自己咬牙切齿。

——塞涅卡《论愤怒》, 3.1.5

正如斯多葛哲学家反复所言：生气几乎解决不了任何问题，通常反而把事情弄得更糟。我们一生气，别人也跟着生气，此时大家都生气，问题远未得到解决。

许多成功人士会试图告诉你，在他们生活中，生气具有极强的动力。“证明他们都错了”或“让他们没脸”的欲望，成就了许多百万富翁。被人喊胖子或傻子的愤怒，造就了良好的身材和聪明的头脑。被拒绝的愤怒，激励很多人开辟了自己的路。

但这是目光短浅的。这类故事忽视了愤怒的副作用带来的污染，还有对发动机造成的磨损，忽视了最初的愤怒燃尽时会发生什么——而此时必须要产生更多的愤怒以保持机器的运转（直到最终，唯一剩下的源头是对自己的愤怒）。1967年，马丁·路德·金（Martin Luther King Jr.，1929—1968）警告与他共事的民权领袖“仇恨的负担太重，无法承受”，尽管他们有充分的理由用仇恨来回应仇恨。

愤怒亦如此——事实上，大部分极端情绪都如此，皆为有毒燃料。毫无疑问，世上有很多类似的东西，但所带来的代价，永远不值得。

2月11日
英雄还是奸雄

我们的灵魂，有时是个国王，有时是个暴君。国王，致力于荣耀之事，照料身体，护其健康，不授其卑劣或肮脏的命令。但是一颗不受控制、欲望驱动、过度放任的灵魂，从国王变成了最可怕、最令人憎恶的东西——暴君。

——塞涅卡《道德书简》, 114.24

俗话说，权力越绝对，崩塌越彻底。乍一看，说得挺对。塞涅卡的学生尼禄，以及他的一堆目无法纪、暴虐杀戮的行径，就是最好的例证。还有一个皇帝，图密善（Domitian，51—96），武断地驱逐了罗马的所有哲学家（爱比克泰德即因此被迫逃离），罗马的许多皇帝都是暴君。不过，不出几年，爱比克泰德成了另一个皇帝的密友，即哈德良（Hadrian），他匡助马可 · 奥勒留登上皇位，而马可则是明智哲人为王的最有力的例证之一。

所以，权力总会崩塌这句话也并不见得对。其实，从很多方面来看，归根结底，这是个人的内在力量和自我意识的问题：他们珍视什么，约束什么样的欲望，对公平正义的理解是否能扛得住无限财富和他人无条件顺从的诱惑。

对你而言，同样如此。无论是从个人角度，还是从工作角度。暴君还是国王？英雄还是奸雄？你做何选择？

2月12日
守护内心的宁静

> 时刻守护好你的感知，因为你所保护的不是件小事，而是你的尊重、诚信、稳重、内心的宁静、免予痛苦和恐惧，一个词概括，即自由。你因何才会出卖这些东西呢？
>
> ——爱比克泰德《哲学谈话录》，4.3.6b－8

一份令你过度劳累的不正常的工作，一段争吵不休的关系，还有被人关注的生活。斯多葛哲学，帮助我们管理和充分考虑自己的情绪反应，可以使上述这些糟心事儿更易承受，它可以帮你管理和缓解那些看似动不动就会扣动的“扳机”。

不过，有个问题：你为何要让你自己遭受这些？你生来注定面对这样的环境吗？看到恶言相加的邮件、工作时问题无休无止，你就要生气吗？我们的肾上腺，能处理的就那么多，再多就会垮掉，难道不应该留到生死攸关的时刻再用吗？

没错，践行斯多葛哲学，可以应对这些难题。但不要忘记问自己：这真的是我想要的生活吗？每一次情绪不好，你的几分生命也随之消逝。生命如此宝贵，难道你真想耗在这些东西上？不要害怕改变，做一次大的改变吧。

2月13日
悠闲可能变为惩罚

> 每当有种愉快的感觉，不管什么样的快乐，都要警惕自己不要因它迷失了自己，要让它等待你的行动，先按下暂停键。之后，思考两个时间，第一次是享受愉快之时，第二次是后悔、讨厌自己之时。然后把这些拿来，与你克制的所有快乐和满足做对比。但是，如果看似合适的行动时机出现，就不要在其舒适、愉快和诱惑面前投降——要克服所有这一切，有意识地克服它们，多么好啊。
>
> ——爱比克泰德《指南》, 34

自控是件难事儿，这点无疑，这就是节食中流行的小窍门有用的原因。有些节食允许“放松日”—— 一周内有一天，节食者可以吃所有想吃的东西。的确，有人鼓励节食者列一个单子，把这一周最想吃的东西都写上，这样就能同时享用所有美食（想法是，如果七天中你有六天都是健康饮食，你依然稳赚不赔）。

起先，这听起来就像个梦，但真这么做的人才知道真相：每个“放松日”都会吃到吐，事后又讨厌自己。很快，你就自愿放弃“放松日”了，因为你不需要，你一点也不想。这跟父母抓住孩子抽烟，不会强令他/她把那一包都抽完是一样的道理。

把所谓的引诱和它实际的后果联系起来很重要。一旦你明白沉溺有可能比克制更糟，冲动也就开始失去吸引力了。这样，自控就成了真正的快乐，而诱惑则成了悔恨。

2月14日
三思而后行

因为想要明智，只需一件事——把注意力定格在智慧与思考上，能让你通达万物。

——赫拉克利特，第欧根尼 · 拉尔修（Diogenes Laertius）

《名哲言行录》(*Lives of the Eminent Philosophers*), 9.1

或许你问过自己：我为什么那样做？我们都问过。我怎么会那么蠢？当时在想什么？

但你没那么做，问题就在这儿。你需要的是客观的理由和思考，证实那才是该做的、该利用的，证实那就是困难之处。证实是你的大脑在掌控一切，而非情绪，非身体立刻出现的感觉，非飙升的荷尔蒙。

把注意力定格在自己的智慧与思考上，让它们发挥作用吧。

2月15日
噩梦只是噩梦

清空思绪，掌控自己，就像从睡梦中醒来，发现那不过是让你不开心的噩梦而已，了解真相吧，那些不过是像噩梦的东西。

——马可·奥勒留《沉思录》, 6.31

作家雷蒙德·钱德勒（Raymond Chandler，1888—1959）在给出版商写的一封信中，描述过我们大多数人的样子："我从不回头看，但向前看，我有许多不易的时光。"美国第三任总统托马斯·杰斐逊（Thomas Jefferson，1743—1825）在给约翰·亚当斯（John Adams，1735—1826）的信中调侃道："从未发生的坏事，让我们吃足苦头。"而塞涅卡所言极是："在我们的恐惧中，没有比这更确定的了：我们所惧怕的，多数都未出现。"

斯多葛哲学家认为，令我们不安的很多事，都是想象的产物，并非事实。就像梦一样，当时那样鲜活，那样真实，但一旦醒来，却又那样荒谬。在梦中，我们一直在思考，在说："这样有道理吧？"我们附和着说，没道理。同样地，逃避生气、恐惧或其他极端情绪，也是如此。

不安的状态，就像醒来后继续做梦一样。刺激到你的东西未必为真，你的反应为真。因此，假象带来了真正的后果。这就是为何你需要立刻醒来，而非继续留在噩梦之中。

2 月 16 日
切莫难上加难

如果有人问你，你的名字怎么写，你会大声喊出每一个字母吗？倘若他们因此生气，你该不该生气回击呢？难道你不会温和地告诉他们每个字母吗？那么，生活中记住一点，你的本分，是许多单个行为的总和。做事时注意每一点……要有方法地完成你的任务。

——马可 · 奥勒留《沉思录》, 6.26

说个很常见的场景，你的同事很丧气，或者老板很难相处。他们让你做件事，但因为你不喜欢送信儿的人，你就立即回绝了。总之，存在这样或那样的问题，或者他们的要求粗暴无礼。所以，你跟他们说："不，我不会做的。"那么，为了报复，你之前要求他们的事儿，他们也不做了。这样一来，冲突升级了。

同时，如果你能退一步，客观地思考一番，或许会发现他们所要求的并非都不合理，其实，有些事做起来不难，至少是可以接受的。假如你做了，后面的事，或许也就说得过去了。很快，一切就都搞定了。

生活（还有工作）已经够难了，不要因微不足道的小事儿情绪化而雪上加霜，或者卷入根本不必要的争斗中。在通往美德的路上，有"自然（kathekon）"、简单和合理的行动，不要让情绪挡了它们的路。

2月17日
幸福的敌人

把幸福和我们没有却渴求的东西绑在一起，是相当不实际的。幸福有它想要的一切，就像衣食无忧的人一样，不会饿，也不会渴。

——爱比克泰德《哲学谈话录》, 3.24.17

我们跟自己说，毕业后我就快乐了，升职后我就快乐了，节食成功我就快乐了，赚到父母赚不到的钱我就快乐了。心理学家称这种想法为“有条件的快乐”。就如地平线，你可以一直往前走，却永远触不到，甚至根本没有走近。

急切地期待未来的某件事，充满激情地想象渴望的某个东西，期待某些快乐的场景——这些东西或许看起来令人心满意足，却毁掉了你此时此地赢得快乐的机会。记住那种想要更多、更好的渴求，有一天再审视一下它是什么：是你满足的敌人。选它，还是选幸福。正如爱比克泰德所言，二者不可兼得。

2月18日
准备好迎接暴风雨

这才是真正的运动员——严格训练、拒绝假象的人。要坚定，你就是那个吃苦的人，不要被看法蒙蔽！奋斗是伟大的，目标是神圣的——获得掌控权、自由、幸福和宁静。

——爱比克泰德《哲学谈话录》，2.18.27－28

爱比克泰德也用过暴风雨的比喻，极端天气会影响人们、左右人们的生活，但看法不同。人们对一个问题激动、生气，可以说出来。

但想想天气在当今时代的角色。今天，人们有天气预报员和专家，能相当准确地预测暴风雨的类型。今天，人们只有在拒绝应对或不留意警告的情况下，才会在暴风雨面前毫无防备。

假如人们不做计划，从不学着如何加固窗户，在这些外部——及内部——的情况面前，就得任其摆布。在速度达每小时一百英里的狂风面前，人类依然弱小，但有能力做准备应对——能以全新的方式迎战，这就是优势。

2 月 19 日
人生的盛宴

记住，在生活中，行为举止，要如同赴一场盛宴。如果有事来找你，伸出手，给予适当的帮助。与你擦身而过了？别阻止。是不是还没到呢？别苛求，等它来到你面前为止。对孩子、爱人、职位、财富，都这样——终有一天，会让你配得上与众神共享盛宴。

——爱比克泰德《指南》，15

下次你再见到想要的东西，想想爱比克泰德对人生盛宴的比喻。发现自己兴奋了，准备无论做什么，都要得到它——相当于伸手到餐桌对面的人手边拿一盘菜——提醒自己：这么做不礼貌，也没必要。耐心等待，等待你的时机。

这个比喻还有一个解读，比如，人们或许会反思，很幸运受邀参加如此隆重的盛宴（心怀感激）。或者，我们应该从容享受桌上的美味（享受当下），而胡吃海塞到吐，没有好处，至少对健康不利（毕竟，暴饮贪食，是不可饶恕的罪过）。饭毕，不帮主人收拾杯盘、打扫干净，非常没礼貌（自私）。最后，下次轮到你做东，款待他人，就像他人款待自己一样（仁爱）。

享受美味吧！

2月20日
繁杂的欲望

强盗、变态、杀人犯、暴君——集结在一处，他们所谓的快乐，供你检验！

——马可 · 奥勒留《沉思录》, 6.34

评判他人向来不是件好事，但花点时间研究一下一个委身于所有突发奇想的人的生活，究竟是怎么过的，还是有必要的。作家安妮 · 拉莫特（Anne Lamott，1954—　）在《一只鸟接着一只鸟》（*Bird by Bird*）中戏谑道：“曾经好奇上帝如何看待金钱，只看他把钱送给谁就知道了。”快乐也如此。你看那位独裁者，还有他的后宫佳丽，充满了阴谋诡计。你看那个年轻的小明星，很快就染上毒瘾，事业也停滞不前。

问问自己：那样做值得吗？真的快活吗？

当你渴望某样东西，或是琢磨着沉溺某种“无害的”恶习时，好好想想。

2月21日
不愿，不想

记住，不是只有对金钱和地位的渴望，会令你屈服、失了身份，还有对宁静、放松、旅游和学习的渴望。不论外部东西是什么，只要我们重视，就会屈服……内心定格在哪儿，阻碍就在哪儿。

——爱比克泰德《哲学谈话录》, 4.4.1－2;15

诚然，爱比克泰德并非说宁静、放松、旅游和学习不好，对吧？幸亏答案是对的。但无休止的、热切的渴望——本身是好的——满是潜在的并发症。渴望的东西，让我们脆弱。无论是周游世界的机会，还是梦想成为总统，抑或是五分钟的平静和安宁，只要我们有所渴望，明知无望，却依然抱有希望，就会埋下失望。因为总会有命运的干预，然后我们就可能因此丢失了自控力。

第欧根尼是有名的犬儒学派，他曾说："众神无欲无求，类神的人没什么欲求，这是其特权。"无欲无求的人坚不可摧——因为万事万物皆在其掌控之下。不过，这并不适用于不想要那些易受指责的东西，如财富或名望——这类蠢物，在最经典的戏剧和寓言中都有所描述。盖茨比所希冀得到的绿光，也可以代表看似很好的东西，比如爱情或崇高的事业，但它同时也能摧毁一个人。

当它指向你的目标和你的追求时，问问自己：我掌控着它，还是它掌控着我？

2 月 22 日
未说出口的更美好的生活

小加图苦练能感染大众的公开演讲，认为恰当的政治哲学，就像所有伟大的城市一样，注重维持好看的环境。但人们从未见他在人前练习，也没人听见他排练演讲。有人告诉他，人们指责他沉默不语，他回道："幸好他们不指责我的生活，只有当我确定'说胜过不说'时，我才开始说。"

——普鲁塔克（Plutarch）《小加图》（*Cato the Younger*），4

行动很简单——开始就行，难的是停止、暂停、思考。不，我还不确定我需要那么做，我还不确定我已准备好。小加图迈入政界后，很多人期待他迅速果决地做大事：激动人心的演讲、振聋发聩的谴责、博学明智的分析。他意识到自己的压力，这种压力见于所有时代、所有个人，但他抗住了。迎合乌合之众（和自我）很简单。

但他没有，他等待时机。他揣摩自己的想法，确定自己不做情绪化、自私、无知或不成熟的反应。那时，他才说话——此时，他自信自己的言辞值得大家去听。

做到这点，需要意识。需要我们停下，诚实地审视自己。你能做到吗？

2月23日
环境并不在意我们的感受

不要给客观环境惹怒自己的权力，因为它们根本不在乎。

——马可·奥勒留《沉思录》，7.38

马可·奥勒留的《沉思录》中，很大一部分是摘自别人的句子或篇章。因为马可没必要非得原创——相反，他在练习，时刻提醒自己重要的教训，有时这些内容是他读过的。

今天引语的特别之处在于，它摘自欧里庇得斯（Euripides，前480—前406）的一出戏剧，不过这出剧已散佚，只留下零星的引用片段，比如今天这句。从收集到的内容可知，主角柏勒罗丰（Bellerophon）质疑是否存在神灵。但在后面这句中，他说：为何要因大我们很多的力量和缘故而心生烦恼呢？为何不从自身出发看待这些问题呢？毕竟，外在的大是大非，都没有感情——我们大吼大叫，它们不会回应——通常冷漠的众神，也不会回应。

马可是在提醒自己：客观环境不能考虑或关心你的感受、焦虑或兴奋。它们不在乎你做何反应，它们不是人。所以，别再表现得好像生气会对既定的局面有所影响似的，局面根本不在乎。

2月24日
伤害的真正源头

记住，并不是那个人成心针对你而扬起巴掌伤了你，而是这个伤害源自你自身对辱骂的看法。因此，有人惹怒你时，要清楚，其实是你自己的成见点燃了怒火。反过来，控制自己的第一反应，不因那样的成见失去自制力，因为有了时间和距离，自制力更易获得。

——爱比克泰德《指南》, 20

斯多葛哲学家提醒我们，世间不存在客观上好与不好的事情。亿万富翁因市场波动损失了一百万，跟你我损失一百万是两码事儿。最坏的敌人给你的批评，和你爱人对你说的难听的话，听起来是两码事儿。假如有人气呼呼地给你发了封邮件，但你从没见过，那这件事真的发生过吗？换句话说，这些情况，需要我们的参与、语境和归类，才能变成“坏”情况。

我们的反应，才真正决定了伤害是否会出现。如果觉得别人错怪了自己而生气，看起来当然该生气。如果觉得自己被人当面质问而提高嗓门儿，自然会发生冲突。

但如果控制好自己，我们可以决定是否给事件贴上好或坏的标签。其实，同样的事儿，发生在人生的不同阶段，或许我们会做出完全不同的反应。因此，为何不现在放弃贴标签呢？为何不选择不做反应呢？

2 月 25 日
神话的烟雾

> 脑海中列一张单子，记下那些因某事大发雷霆或满腹怨恨的人，即便是名声在外之人，不管是因成功、不幸、恶行或别的什么原因。然后问自己，烟雾重重，不过是简单的传闻，却试图成为传奇……
>
> ——马可 · 奥勒留《沉思录》, 12.27

马可 · 奥勒留的文字中，一遍又一遍地提及他之前的皇帝，如何在仅仅几年之后，就近乎被世人忘却。这对他而言是个提醒，提醒自己：无论征服多少土地，无论对世人施加多少自己的意志，终将如沙滩上建城堡，很快，时光之风就将其吹散不见。

同样，那些易恨、易怒、易痴迷、易追求完美之人亦如此。亚历山大大帝是人中龙凤，充满激情，雄心壮志，马可几次提到，即便是他，也与他的骡夫埋在同一片土地之下。最终，所有人都会死去，逐渐被世人遗忘。我们应当享受在世上的短暂光阴，不要被情绪奴役而过着痛苦、不满的生活。

2月26日
各人有各人的看法

> 又有人误会我了？他要为此负责。他有自己的偏好，也有自己的事情。我此时有的，是人们认为理所应当的，而此时努力完成的，恰是我的内心希望的。
>
> ——马可·奥勒留《沉思录》, 5.25

亚伯拉罕·林肯（Abraham Lincoln，1809—1865）偶尔会因某个下属、某位将军，甚至是自己的朋友，气得冒烟。但林肯不直接冲他们发火，他会写一封长信，罗列出对方错在哪儿，以及他想让对方明白的内容。之后他会把信折起，塞进抽屉，从不寄出。其中很多信，因机缘巧合，留存了下来。

就像罗马皇帝马可一样，他知道，回击很容易。直抒胸臆，自是大快人心，但最后往往会后悔，往往会希望自己没有寄出那封信，想想自己上次勃然大怒的情景。后果呢？有什么好处吗？

2月27日
他人蜂拥而上，自己冷静待之

人间万物，有好有坏，还有些则一般。好为美德，人人皆分享；坏为恶习，人人皆放任；一般则居其中，包含财富、健康、生活、死亡、享乐和痛苦。

——爱比克泰德《哲学谈话录》，2.19.12b－13

试想，倘若困扰世人的一切都没那么重要，比如有多苗条、多有钱，生命还剩几何，又如何死去等，那么，你在生活和与他人的相处中，拥有什么样的力量呢？如若众人皆烦恼、嫉妒、兴奋、占有欲强，又或贪婪，唯独你客观、冷静、头脑清晰，会怎么样呢？可以设想出来吗？想想会对你在工作中与他人的关系，会对你的爱情或友情造成什么样的影响。

塞涅卡富可敌国，也名满天下，即便如此，他仍是个斯多葛哲学家。如斯多葛信徒所言，他拥有很多物质财富，但他同样对这些物质财富不屑一顾。东西在，便享用，如果哪天消失，他也能接受。相比拼命渴求更多，或是战战兢兢生怕失掉哪怕一分钱的人，这样的态度好太多了，冷淡是坚定的中庸立场。

既非逃避，也不躲开，而是适可而止，不给多余的能力或偏向任何产生后果的机会。诚然，做到这点不易，但如果你能管控，该会放松多少啊！

2月28日
当你失掉自控时

心灵就如一碗水，而我们的认识，就如打在水上的光线。一旦水动，光线看起来也在动，但实际并没有。因此，当一个人失去了冷静，所困扰的并非是他/她的技能和美德，而是技能和美德赖以存在的精神，而精神一旦冷静下来，这两者也随之冷静。

——爱比克泰德《哲学谈话录》，3.3.20－22

你搞砸了一丁点儿。或者，你搞砸了很多。又怎么样呢？这并不能改变你所了解的人生哲学。也并非是你的理性选择最终抛弃了你，相反，是暂时的这个你，抛弃了它。

记住，我们训练的工具和目标，不会因此刻的波动而受影响。暂停脚步，重拾冷静，它正在等你。

2月29日
总有不如意的时候

一个罐子，口很窄，里面装着糖果，小孩儿把手伸进去，抓了满满一手，手卡住拿不出来，就开始大哭。丢掉几颗糖果，手就可以拿出来了！人要克制欲望——不要盯着太多东西不放，这样就会得到所需之物。

——爱比克泰德《哲学谈话录》，3.9.22

“我们可以拥有一切”，这句话是人类现代生活的“曼怛罗”。工作、家庭、目标、成功、休闲时光——这一切，同时都想要（而且是，此时此刻）。

在古希腊，讲学的门廊是学生的休闲之地，为了更美好的生活，在那儿，他们思索高端的东西（真、善、美）。这是有关优先次序的问题，有关质疑外部世界优先次序的问题。今天，人们忙于得到东西，就像小孩儿把手伸进糖罐儿之中，没空思考这类问题。

爱比克泰德说：“不要盯着太多东西不放。”注意力要集中。事有先后，训练自己问以下问题：这个东西我需要吗？得不到会怎样呢？没有它，我行不行？

这些问题的答案，对你放松有好处，有助于你不再做那些无用却让你忙碌的事：太忙，忙到无法平衡生活，或者你无法从中感受到快乐的事。

3月

意识

3月1日
哲学开始的地方

一个人开始哲学之旅，有个重要起点：对自己的主要原则有个清晰的认知。

——爱比克泰德《哲学谈话录》, 1.26.15

说起哲学，有点让人望而却步。从哪里开始呢？书籍？演说？变卖身外之物？

这些都不是。爱比克泰德说，一个人开始践行理性判断，开始质疑别人眼中理所当然的情绪、信仰甚至语言时，就成了哲学家。人们认为，倘若一个动物能在镜子里完全认出自己，那它就有自我意识。那么，或许可以说，一个人意识到自己具备分析自我思想的能力时，就开启了哲学旅途。

今天你能从这一步开始吗？一旦做到，你会发现自己真的活跃起来，生活，用苏格拉底的话说，也成了真正值得的模样。

3 月 2 日
准确的自我评估

首先，一个人必须要真实地评价自我，因为我们总会高估自己的能力。

——塞涅卡《论心灵的宁静》, 5.2

大多数人对真实评价自己有抵触心理，或许是因为他们害怕，那样可能会使心目中自己的身份和实际能力降低。如歌德所说 :“高估自己是一个致命的弱点”，假如你拒绝正视自己的弱点，又如何说了解自己呢?

不要因为担忧可能要承认自己的某些方面而害怕自我评估，歌德格言的后半句，也很重要。他说“妄自菲薄”，同样害人。能够很好地应对之前害怕的设想，难道不应同样感到惊喜吗？那样，就能为了心爱的人撇开忧伤，关爱他人（但人们却总想着，假如父母或孩子发生什么事的话，自己就会崩溃）。那样，就能在紧张的时刻或是改变命运的时机，起身应对。

人们同时也会低估自己的能力，或高估他人的能力，两者都很危险。因此，要培养正确、诚实评价自己的能力。通过内省，搞清楚自己能做什么，以及怎么做才能解锁自己的潜力。

3月3日
分解与综合

这些东西并不和谐。你必须是统一的个体，要么好，要么坏。你只能二者选其一：要么专注于自己的推理，要么专注于自己控制范围之外的东西——用心守好内在，别管外在，也就是说，要与哲学家一道，否则就是与乌合之众为伍！

——爱比克泰德《哲学谈话录》，3.15.13

每个人都很复杂。对自己来说，我们都有很多面，与需求、欲望和恐惧斗争。外部世界仍然令人困惑，充满矛盾。稍不小心，这些力量无论是推力还是拉力，最终都会将我们撕碎。我们不能像“哲基尔和海德”（出自《化身博士》，又名《变身怪医》，意指双重人格、善恶交替出现的人——译者注）一样生活，总之，长久不了。

我们是有选择的：要么与哲学家一道，勤勤勉勉，专注内在；要么像个乌合之众的领导者一样，成为他们在某个时刻需要的样子，无论是什么。

假如我们不专注自己的内在融合，不专注自我意识，就会面临被外部事物或环境瓦解的危险。

3月4日
意识即自由

> 按照自己的意愿生活的人是自由的，无论是被迫、被阻，又或受限制，都不会妨碍其选择，渴望也能达成，不会陷入逆流之中。谁愿意生活在欺瞒之中，被人使绊子、误解，没规没矩，在一成不变之中怨天尤人呢？没人愿意。不按照自己的意愿生活的人是可鄙的；也正因如此，可鄙之人皆不自由。
>
> ——爱比克泰德《哲学谈话录》, 4.1.1 – 3a

许多人一天之中，有多少时间都在做“不得不”做的事，比如工作或家庭中本没必要做却因虚荣心或无知作祟接过来的无用活计，想想就悲哀。还有为了给人留下好印象而做的事儿，或是为了满足欲望，甚至没有质疑的渴望花费的时间。在他一封著名的信中，塞涅卡评论道，有权势之人常常被财富、地位、女人甚至是奴隶（在当时的罗马是合法的）所奴役。他讽刺说：“比起这些自甘于此的人，奴隶都没这么低贱。”这种奴役很常见，比如拖累朋友、帮不上什么忙却在其失败后大捞一笔的人，对员工管头管脚、每一分钱都不放过的老板。数不清的原因、事情、社交聚会，明明很忙，没空应酬，却答应参加。

不时地列列清单，把自己的“债务”一一写下来。有多少是自己强加的？有多少是真正必要的？你的自由，如你所愿吗？

3月5日
削减开支

所以，关于我们追求的以及为之积极努力的东西，我们欠缺这种考虑：要么这些东西没什么用，要么多数用不到。有些是不必要的，而有些根本不值那么多。但我们领悟不到这点，还把它们看成是免费的，其实非常昂贵。

——塞涅卡《道德书简》, 42.6

塞涅卡的众多书信中，这一封或许位居最重要和最不易理解之列。在房子越来越大、财富日渐增多的社会中，他提出一个观点，人们却置若罔闻，其观点是：所有日益积聚的东西，都有其隐藏的成本。越早意识到这点越好。

记住：即便是免费获得的，我们也要埋单，体现在存放它们的成本——存在仓库，存在内心。今天，经过你的那些物品时，问问自己：这个我需要吗？它是不是多余的？这件真正价值几何？这件花了我什么？

答案或许会令你吃惊，在一无所知的前提下耗掉的价值，同样令你吃惊。

3月6日
别给自己加戏

公共场合，不要经常或过多谈起自己的成就和遭遇的危险，因为不管你多乐于诉说自己遭遇的危险，对他人来说，听你讲自己的故事，都不怎么愉快。

——爱比克泰德《指南》, 33.14

现代哲学家纳西姆·塔勒布（Nassim Taleb，1960—　）警惕人们注意“叙事谬误”，即把过去不相干的事件拼凑成故事的倾向，这些故事，虽然创造起来让人高兴，但本质上却会误导他人。给人一种前后衔接和真切的错觉，其实并不真实。

如果那样令人陶醉，记住爱比克泰德的观点，不要讲你的过去，还有一个原因：很无趣、很烦人、很自恋。或许主导谈话，让话题都围绕着你，会感觉很爽，但你想过别人怎么想吗？你觉得别人真的喜欢听你高中踢足球的辉煌往事吗？难道不是你显摆自己男性勇猛的又一次吹牛吗？

尽己所能，不要创造这种幻想泡沫，活在真实当中吧。倾听他人，与人沟通，别显摆自己。

3月7日
别相信感官

赫拉克利特称自我欺骗是一种病毒，而视觉则会撒谎。

——第欧根尼·拉尔修《名哲言行录》, 9.7

自我意识是客观评价自己的能力，是质疑自己的直觉、方式和设想的能力。自负、自欺、自大，以及不容他人置疑的观点，要求我们把自己的所有观点都暴露在严格的审视之前。即便是眼睛，也会骗人。

从另一方面说，这是个警钟。我甚至连自己的感官都不能相信吗？！没错，你可以那样想。但你也可以这样想：因为我们的感官经常出错，情绪经常过激，设想过于乐观，所以，最好对任何事，都不要急着下结论。可以花点时间，思索自己所做的每一件事，清楚正在做的每一件事，这样就能做出正确的决定。

3月8日
不要在无意间交出自己的自由

如果一个人把你的身体出卖给某个过客，你会暴跳如雷。然而，你却把自己的心灵交给随意一个泛泛之交，他们可以随意对待你，令你的心灵扰乱、困惑，你不觉得那样很可耻吗？

——爱比克泰德《指南》，28

我们本能地保护自己的身体，不让别人碰触、摆布，以及控制自己去哪儿。但一旦牵扯到心灵，警惕性就差了。我们把它心甘情愿地交给社交媒体，交给电视，交给别人正在做、想或说的事。原本坐下来工作，接下来却在浏览网络。明明与家人坐在一起，但不出几分钟，就拿出了手机。平静地坐在公园里，原本要审视自我，结果有路人经过，就评价他们了。

甚至，我们对这一切竟毫无知觉，没有意识到为此浪费了多少生命，导致效率何等低下，精力何等涣散。甚至，没人逼我们这样，完全是咎由自取。

斯多葛哲学家对此深恶痛绝，他们知道世界可以控制我们的身体：可以被扔进监牢，或者遭受天气折磨。但心灵呢？心灵是自己的，必须要保护它。斯多葛哲学家认为，要时刻掌控自己的心灵和洞察力，这是你最宝贵的财富。

3月9日
找准圈子

> 首先，时刻不忘一点：你与那些旧相识和旧友，再也没有那么紧密的联系而把自己拉到他们的水平。如果做不到，你会毁了自己……你必须做出选择，究竟依然与这些朋友为伍、不改变自己，还是失去这些朋友而成为更好的人……如果你想两者兼得，那你既无法进步，也无法保持原来的样子。
>
> ——爱比克泰德《哲学谈话录》，4.2.1；4－5

吉米·罗恩（Jim Rohn，1930—2009，美国杰出商业哲学家，成功学之父）有句广为人引述的话："与你交往最密切的五个人，他们的平均数就是你。"詹姆斯·阿尔图切尔（James Altucher，Stockpickr的总裁和创始人）建议年轻作家和企业家找到自己的"圈子"，也就是一群推动自己进步的志同道合之人。看到你与几个坏孩子玩儿时，父亲也许曾给过你警告："记住，你朋友什么样，你就会成为什么样。"歌德有句箴言，更是直中要害："告诉我你与何人结交，我就能告诉你，你是谁。"

自觉思考一下，你都让谁进入你的生命——思考这个问题，要像某个努力耕耘美好生活的人一样，而非势利的精英人士。关于结识什么人，与什么人相处，自问几个问题：他们会让我更好吗？是否鼓励我向前，让我对自己负责？还是把我拖到了他们的水平？基于这些答案，现在问最重要的问题：我跟这些人应该多相处，还是少相处？

该作何选择，歌德的名言说出了关键："如果我知道你如何利用时间，我就能知道你会成为什么样的人。"

3月10日
给自己找个“加图”

即将踏入歧路之时，若有人从旁见证，人们就能消除多数罪孽。心灵要有可敬重之人，其榜样能让“心灵之密室”更加神圣不可侵犯。幸福属于能让他人进步的人，不仅在当时，还在他人的思想中！

——塞涅卡《道德书简》, 11.9

小加图，罗马政治家，以自律和因捍卫共和国与恺撒针锋相对的英勇事迹著称于世，不断出现在斯多葛文学作品中，这点倒挺耐人寻味，因为他从未写过什么，也没教过书，亦没与谁面对面交谈过。之所以成为常为人提起和引述的哲学家，是由于他的胆识和勇敢。

塞涅卡告诉我们，每个人都应该有自己的“加图”—— 一个伟大、高尚之士，让其进入心灵，指引我们的行为，即便那个人并不活在当下。英国经济学家亚当·斯密（Adam Smith，1723—1790）有个相似概念，他称为“公正的旁观者”。这位旁观者不一定非得是实实在在的人，如塞涅卡所言，就是一个在旁观察我们行为的人。如果我们正考虑做些偷懒、不老实或自私的事情时，他/她可以静静地给予我们告诫。

倘若做得对，以这样的方式生活，或许我们就会成为别人的“加图”，或者他人需要的“公正的旁观者”。

3 月 11 日
无拘无束地生活

无拘无束的人，做什么事都按照自己的心意，这样的人是自由的。还有些人，做什么事儿都受人限制、压制或推挤，违背自己的心意，这样的人是奴隶。

——爱比克泰德《哲学谈话录》, 4.1.128b－129a

看看世间一些最有权势、富有和出名的人，别看他们成功的华服和有能力买到的东西。看看为了得到这些，他们被迫拿什么交换，也就是看看他们为成功付出的代价。

大部分是什么？自由。工作要求他们穿正装，成功仰赖于参加某些聚会，讨好不喜欢的人。还有一条不可避免的是，要清楚自己不能说真实的想法。更有甚者，要求他们变成不同类型的人，又或做恶事。

诚然，薪酬很可观，但他们从未真正审视过这种交易。如塞涅卡所言："奴隶居于大理石和黄金之下。"太多的成功人士，沦为自制监狱里的囚徒。那是你想要的吗？你努力奋斗就是为了那个吗？希望不是吧。

3月12日
就当是别人的过错

无论何时，若有人对你做错了事，马上想想他/她在做这件事时的善恶观念。因为你一旦理解，就会有同情之心，而非惊诧或气愤。因为你希望自己能有同样的善恶观念，或与之类似，这样你就会体谅他们的所作所为。即便你不再持同样的观念，你也会很轻易地宽容其过错。

——马可·奥勒留《沉思录》，7.26

苏格拉底，或许是有史以来最睿智的人，他曾说“没人愿意犯错”。意思是，谁都不是故意犯错的。即便明明错了，也没人以为自己错了。大家都觉得自己是对的，只是恰好犯了错，除此，也就不再去想那个错误！

你所经历过的冷落轻视，或者别人对你的伤害，是否并非有意为之？假如他们单纯认为自己是在为自己甚至为你做好事，又怎么样呢？就像坐落在阿灵顿（Arlington）的同盟纪念碑（很明显，那场战争是为做错事之人而战的），从某种程度上表明，同盟士兵去打仗是“根据自己的理解，单纯地服从命令”。还是那句话，虽然理解不对，却是纯粹的理解，正如林肯的那份纯粹，他在库珀联合学院（Cooper Union）做的著名演讲，结尾是这样说的：“就让我们，按照理解，勇敢地尽职尽责，直到最后。”

今天的你，如果认识到别人的所作所为是出于好意，会更宽容他、理解他吗？无论赞不赞同，从这个镜头看去，能否极大地改变你对别人的行为是否是触犯或挑衅的看法呢？

3月13日
终有一天，一切都会有意义

不管你何时发现自己在抱怨天命，换个角度想想，你会发现，一切果皆有因。

——爱比克泰德《哲学谈话录》, 3.17.1

我们之所以与所发生之事对抗，一部分是因为太过专注自己的计划，而忘了可能还存在一个不了解的大计划。有多少次，本以为倒霉透顶的事儿，却时来运转，成了好事儿，对吗？除此，我们还忘了自己不是唯一重要的人，而我们的“失”有可能成了别人的“得”。

这种被不公正对待的感觉，不过是个意识问题。我们要记住，世间一切皆循着因，只是这个因很大，涵盖万物，没办法总能看到。突如其来的飓风，可能是由半个地球之外的一只蝴蝶扇动翅膀送来的，我们所经历的不幸，只是一首序曲，预示着一个愉快、令人钦羡的未来。

3 月 14 日
自欺是我们的敌人

芝诺也会说，对于牢牢掌握知识，自欺欺人是最有害的。

——第欧根尼 · 拉尔修《名哲言行录》, 7.23

自欺欺人、自以为了不起的错觉——讨人厌的性格特点不止这些。自负也不仅仅只令人厌恶可憎，还是我们学习和成长的不共戴天的敌人。

如爱比克泰德所言 :“一个人面对自以为已掌握的内容，是不会开始学习的。”今天，倘若我们自认为已很完美，是个天才，到哪儿都受人仰慕，那就不会进步、不会学习、不会赢得他人的尊重。从这个意义上说，自负和自欺，都是我们所渴求知识的仇敌，因为我们自己骗自己，觉得已经拥有了这些知识。

自负在我们身上埋下了敌意和蔑视，所以，必须反过来用这种敌意和蔑视来应对它，远离它，最好一天二十四小时都远离它。

3月15日
今天是个礼物

你会活到三千岁吗，甚至好多个三千岁？记住，只有真正活着的人，才会失去生命，只有正在失去生命的人，才真正过这一生。那么，寿命无论长短，结果都一样，因为对所有人来说，当下的时刻长短都一样，而且是一个人的全部财富。没人会失去过去或将来，因为不属于自己的东西，又何论失去呢？

——马可·奥勒留《沉思录》, 2.14

今天，留心自己多久贪心一次。也就是说，想要过去不只是原本的样子（不同、更好、依然在，等等），或想要未来完全按照自己的期待展开（几乎不考虑可能会对他人造成什么影响）。

一旦这么做，你就忽略了当下的时刻。说到不心怀感激，美国著名漫画家比尔·基恩（Bil Keane，1922—2011）有句名言，值得熟记于心："昨天已成过去，明天还在未来，但今天是个礼物。这就是今天称为'此刻'（一语双关，present，也有礼物之意）的原因。"此刻归我们所有，但它有保质期，而且很快就会过期。倘若你能完全享受此刻，足矣。毕竟它组成了你的一生。

3 月 16 日
你神圣的一面

尊重你理解的能力，因为一切取决于理解力，正是建立在理解力基础之上的主要原则，让我们不会接受任何违背本性或与合乎常理的生物构造相矛盾的东西。理解力需要尽职尽责，关爱他人。

——马可 · 奥勒留《沉思录》, 3.9

你可以思考，可以读书，可以反复推理形势，这一切赋予你改善境遇、越变越好的能力。这种能力货真价实，重视它很重要，不是所有人都这么走运。

毕竟，你认为理所当然的东西，别人甚至想都不敢想。

今天，花点时间想想，你很有福气，拥有运用逻辑和推理来应对情势和境遇的能力，这给了你无法想象的力量，能够改变自己的境遇，也能改变别人的境遇。还要记着，能力意味着责任。

3月17日
选择之美

身体和发型说明不了你，择优选择的能力才能。假如你选择得很漂亮，你也会很漂亮。

——爱比克泰德《哲学谈话录》, 3.1.39b－40a

电影《搏击俱乐部》（*Fight Club*）中有段台词：“工作说明不了你，银行的存款说明不了你，开的车说明不了你，钱包里的东西也说明不了你。”我们的朋友爱比克泰德，当然没看过这部电影或原著小说，但20世纪90年代的消费主义，明显也存在于古罗马。

我们呈现给世界的所谓真实自我的形象，很容易混淆，尤其当媒体的信息传播故意模糊了两者的界限时。

今天的你，可能看起来很漂亮，但如果这只是你清晨站在镜子边虚荣地自我陶醉的话，斯多葛哲学家就会问一句：你真漂亮吗？努力锻炼出来的体形自是令人钦羡，但为了在健身迷面前卖弄练出来的身材则不然。

斯多葛哲学家敦促我们思考这个问题，不是如何呈现事物的样了，而是呈现出来的是努力、行动和选择的结果。

3 月 18 日
没你的同意，是不可能的

今天，我在周围拥挤的世界中逃了出来，说得再好些，是我把它们撵了出去，因为这些拥挤并非来自外部，而是来自我自己的假想。

——马可 · 奥勒留《沉思录》, 9.13

艰难的日子里，我们或许会说“工作都把我压垮了”，或者“老板太刁难人了”。倘若能理解事实并非如此，该有多好。没人刁难你，工作压不垮你，那些都是外部的东西，进不了你的心灵。你感受到的那些真真切切的情绪，都来自内部，而非外部。

斯多葛哲学家有一个术语“hypolepsis”，意为“接受”，接受头脑的感知、思想和判断。假定的内容，自愿在头脑中生成的内容，都在我们自己。感觉压力大、很受挫，不能指责他人，就像不能因嫉妒而指责对方一样。原因在我们自身，他人只是针对的目标。

3 月 19 日
永恒的智慧

时刻准备好有两条原则，其一，在我理性选择之外，没有好坏之分；其二，我们不该试图引导事件，而应追随事件。

——爱比克泰德《哲学谈话录》, 3.10.18

20世纪中叶，印度有一位耶稣会信徒，名叫安东尼 · 德 · 梅勒（Anthony de Mello，1931—1987）。他生于孟买，当时孟买还在英国统治之下，他身上融合了许多不同的文化和视角：东方、西方，他甚至还受训做心理治疗师。一个人理解了穿越学校、时代和思想而来的永恒的智慧，是很有意思的。德 · 梅勒有本书叫《爱的途径》（*The Way to Love*），其中有句话颇像爱比克泰德的口吻："我恼怒的原因，不在这个人，而在自己。"

记住，每个人都可选择，永远是你自己说了算。之所以恼怒，或者消极看待某件事，都来自我们，来自我们贴的标签或预期。那些标签，我们轻易就能改变；我们可以改变应得的权利，并下决心接受和热爱周遭发生的一切。有史以来，每个世纪、每个国家，都在不断且独立地发现这一智慧。

3 月 20 日
做好准备，沉着应对

我希望自己免受折磨，可如果折磨来了，要我去承受，我希望我能带着勇气和气节，勇敢地承受。难道我想卷入战争吗？可一旦战争降临，我希望我能高尚地身负战争的伤痛、饥饿和其他免不了的痛苦。也不是脑袋发热想要生病，而是一旦生病，我不会做出轻率或不光彩之事。重点是，并非渴望这些逆境，而是渴望承受这些逆境的优秀品质。

——塞涅卡《道德书简》, 67.4

美国总统詹姆斯·加菲尔德（James Garfield，1831—1881）很了不起，生于清贫之家，自学成才，最终成为美国内战的英雄，后遭暗杀，中弹，负重伤，总统生涯也随之戛然而止。在他当政的短暂时期，他面对的是一个极其分裂的国家，以及内部极其分裂的共和党。有一次冲突，枪口直指加菲尔德政府的权威，其间，他意志坚定，对一位顾问说道："我当然反对战争，但若真的来到门前，挑起战争的人会发现，我会沉着应对。"

对这个问题，塞涅卡要说的就是这个。若想在生活中面对困难那就太傻了，若是假装困难不会发生，同样太傻。这就是为何当困难来敲门——或许就在今天上午——我们要务必准备好去应对。不是像迎接深夜突然造访的来客那样，而是像正在等待重要的客人：穿戴齐整，头脑清晰，准备迎接。

3 月 21 日
僻静之地在心，不在外

人们到乡下、海边或是深山，为自己寻觅僻静之地。你也非常渴望那些东西，但那实在是粗俗之人的做法，无论何时，你可以在你内心深处找到一个僻静之地。因为，除了你自己的内心，你找不到比它更宁静、不熙攘的安静之地，尤其是当你细心观察时，内心里满是平和，我说的无非是井然有序。经常让自己来这儿安静一会儿，焕然一新。

——马可 · 奥勒留《沉思录》, 4.3.1

后面有假期吗？是否在寻一个周末，可以享受一下安宁和平静？或许你会想，等事情安定下来，或是做完这件事之后吧。但真正实现有几次？

教授禅宗冥想的乔恩 · 卡巴金（Jon Kabat-Zinn，1944—　）有句名言 :“身在哪儿，心就在哪儿。”向内心看，你随时都能找到一个僻静所在。可以坐下来，闭上眼睛，感受呼吸。可以打开音乐，关掉世界。可以关掉电子设备，切断脑海中那些乱七八糟的想法，这样能给我们带来平静。除此，别无他物。

3月22日
真正受过教育的标志

那么，接受良好教育是什么样呢？就是学会把自然的先入之见用到符合自然规律的对的事物上，除此，区分哪些在能力范围之内，哪些在能力范围之外。

——爱比克泰德《哲学谈话录》, 1.22.9 – 10a

墙上的学位证书，意味着你受过教育，正如脚上的鞋意味着你在走路一样。但这只是个开端，还远远不够。

不然，怎么会有那么多“受过教育”的人做出不理智的决定呢？或者错失那么多明显的东西呢？是因为他们忘记了应当只专注做自己可控能力范围之内的事。哲学家赫拉克利特（Heraclitus）留存下来的零碎文字中，有一句道出了真相：“许多人从诗人赫西奥德（Hesiod）那儿学了很多神怪的名字，数都数不清，但他们永远不会明白，昼与夜其实是一体的。”

正如不穿鞋也能好好走路一样，你不需要踏进教室去理解有关自然和我们在自然中的角色，以及根本的事实。从意识和反思开始，不只做一次，而是每天、每秒都这样。

3月23日
被缚的灵魂

理性灵魂的疾病，是长期又顽固的恶疾，比如贪欲和野心——这些人给灵魂穿上紧身衣，逐渐成为内在永久的邪恶。简单地说，这种病是对判断的无休止的扭曲，因此，人们争相追逐的，是不值得争取的东西。

——塞涅卡《道德书简》，75.11

在2008年的金融危机中，成百上千的聪明、理性人士，损失了数万亿美元的财富。这些聪明人怎么会那么蠢？他们了解金融体系，了解市场如何运作，掌控着几亿甚至几万亿美元的资金。然而，却对一个人和全球市场混乱的步调，搞错了。

看清形势，理解贪婪是导致问题的部分原因，这点不难。贪婪，引诱人们创造出复杂的市场，没人能懂，因为只顾着赚快钱。贪婪，又让剩下的人与奇怪的债务做交易。贪婪，阻止任何人喊出这种情况的真相：一座卡片拼成的房子，就等着微风来吹倒它。

不去批评事实，而批评那些人，对你没什么好处。最好的方法是，琢磨贪婪和恶习为你的生活带来怎样的影响，思考如何让理性思维进入，摆脱这些恶习。

3月24日
万物皆有哲理

吃饭有礼节，穿衣有品位，结婚、生子安排妥当，积极参与政治，忍受辱骂，包容固执的兄弟、父亲、儿子、邻居或朋友。做到这些，人们就能看到你真正师承了哲学家。

——爱比克泰德《哲学谈话录》, 3.21.5 – 6

罗马传记作家普鲁塔克（Plutarch），受斯多葛信徒的仰慕，但他直到晚年才开始学习罗马文学的经典。正如他在德摩斯梯尼（Demosthenes）的传记中叙述的那样，惊讶于一切突然进入自己的脑海，他写道：“与其说这些文字带着我完全了解了事情的经过，不如说不知怎的，我对发生的事情有了亲身经历，让我深刻理解了这些文字的意义。”

这也是爱比克泰德所说的哲学的学习。学习，固然重要，但也要生活。只有这样，你才能真正理解哲学学习的意义。更重要的是，随着时间的推移，只有从你的行为和选择中，才能看出你是否用心领悟到了这些教义。

今天，在你去工作、约会，决定给谁投票，傍晚给父母打电话，走到家门前跟邻居挥手，给快递人员小费，对爱的人说晚安时，想想这一点。所有这一切，都是哲学。所有这些，都是赋予文字意义的经历。

3 月 25 日
财富与自由

……自由并非通过填补内心的欲望获得，而是通过消除欲望获得。

——爱比克泰德《哲学谈话录》, 4.1.175

获得财富有两种途径：得到你想要的一切，或想要你拥有的一切。此时此刻，哪个简单些呢？同理，自由也是如此。如果你为了得到更多自由而焦躁、争斗、挣扎，那你永远不会自由。假如你能发现并把目光集中在已经拥有的自由上呢？答案是，你此时此刻就会自由。

3 月 26 日
支配你内心的理性

支配你内心的理性如何管理自身？因为一切的关键，都在其中。无论是否所剩无几，支配内心的理性都要由自己选择，否则，你只是一具行尸走肉。

——马可 · 奥勒留《沉思录》, 12.33

罗马讽刺文学家朱文诺（Juvenal，？—130）因一个问题闻名于世：Quis custodiet ipsos custodes?（谁守卫守卫人？）从某种程度上说，马可也这样问过自己，兴许你也从早到晚地问过自己。支配内心的理性指引你的人生，而这个理性又受什么影响呢?

这意味着要探索各个学科，如进化生物学、心理学、神经学甚至潜意识等。因为即便是最训练有素、理性的头脑，都会受这些深层力量的影响。

所以，别停留在斯多葛哲学上，去探索能推动和使得斯多葛哲学成为可能的力量。去了解你所学习的哲学的基础是什么，身体和思想是怎么回事。不仅要理解支配你内心的理性，即守卫人，还要理解究竟是何人、何事支配它。

3月27日
为值得之物埋单

锡诺普的第欧根尼（Diogenes of Sinope，前404—前323）说我们把价值连城的东西卖得一文不值，反之亦然。

——第欧根尼·拉尔修《名哲言行录》，6.2.35b

你可能花近二十万美元的高价，买一套镶满钻石的“白羽布兰奇”（Plume Blanche）沙发，也可能花五百美元雇凶杀人。下次你再听到别人聊起市场如何决定商品的价值时，想想这个问题。市场或许是理性的……但构成市场的人并不理性。

创立犬儒学派的第欧根尼，看重事物的“真正价值”（axia），这也是斯多葛学派长盛不衰的主题，强烈体现在爱比克泰德和马可的思想中。不了解，很容易。你身边的人，把死后带不走的大把财富当成小玩意儿甩卖时，似乎对你来说也是个不错的投资。

但很明显不是。生命中的好东西，自有其价值。不必要之物，什么价钱都不值。关键是，领悟到区别所在。

3月28日
怯懦，就像个设计缺陷

没有规划的人生，飘忽不定。人一旦在其位，就必须得有原则。我认为你会承认这一点，最可耻的，不外乎变化无常、摇摆不定的行为和打退堂鼓。只有清除困扰、拘役我们精神的那些错误，阻止其推进，阻止其产生全面影响，否则，凡事都飘忽不定。

——塞涅卡《道德书简》，95.46

对方战队大显身手，刚出场就有了领先优势，而你永远没时间去弥补。你去开商务会议，却被打了个措手不及，一切也就糟糕起来。一场精心准备的谈话，升级为谁比谁嗓门儿大的比赛。念大学时，中途换了专业，不得不重新开始学业，然后延期毕业。听起来熟悉吗?

没有计划，随之而来的就是这样的混乱。不是因为计划完美无缺，而是因为人若没有计划——就像一队步兵没有强有力的将领——更容易惊慌失措。美国超级碗（Super Bowl）橄榄球大赛冠军球队教练比尔·沃尔什（Bill Walsh）常常通过编写比赛开头的脚本，避免这种风险。他曾做过关于制胜战术的演讲，说道："如果比赛前夜你想睡觉，那就在前夜的前夜，在头脑中构想出首选的25个打法。如此，你才能走进比赛场地，比赛开始时，才不会受压力的影响。"对手拿下前几分或给你个突袭，也不会影响到你。这些与你无关，毕竟你已有了作战顺序。

别搞得匆匆忙忙的，制订个计划吧。

3月29日
停止讨好

你若为了讨好某个人，而强迫自己做控制范围之外的事，就得知道，你会破坏整个人生的目标。那么，在自己的能力范围内，满足于做一个哲学家吧，如果你想看起来也像个哲学家，先证明给自己看，你是，而且会成功。

——爱比克泰德《指南》, 23

有什么比没完没了地费力讨好他人更可悲的吗？为了赢得别人的赞同所做的事情，日后回想起来，就像是自己的精神突然有了问题，我们穿起了不舒服、荒唐可笑的衣服，却被人称赞很酷，说话方式变了，渴望有人打电话或发短信给自己。做这些事，如果是因为喜欢，另当别论。但事实并非如此。这只是达成目的的一种手段：获得别人的认可。

正如马可·奥勒留老生常谈的那样：具有讽刺意味的是，你所渴望得到其意见的那些人，并没有很了不起。这些人并不完美，本身就会因各种可笑的东西分散注意力、兴奋不已。这点，我们清楚，但却不想再深入思考。再次引用《搏击俱乐部》中的台词："我们买不需要的东西，去讨好不喜欢的人。"难道听起来还不够荒谬吗？而这正是哲学带来的宁静和安全所能解决的问题。

3月30日
理智对待万物

> 快去到主导自己的理智身边，去到“大局”的理智身边，去到邻居的理智身边。自己的理智成其公正；“大局”的理智让你记住自己在其中的位置，而邻居的理智则教你认识，认清是无知还是良好的认知——尤其当自己的理智与其相似时。
>
> ——马可 · 奥勒留《沉思录》, 9.22

如果我们的生活不由理性主宰，那由什么主宰呢？冲动？一时兴起？模仿他人？不思考的习惯？检视过去的行为时，可悲的是常常发现这种情况：做这件事不是有意识或深思熟虑的，而是出于嫌麻烦，或是因为未评估的外力。而这些情况，也是我们最有可能会后悔的。

3 月 31 日
你是自我训练的产物

追逐那些无法做到的，是愚蠢的。但粗鄙之人，也无别事可做。

——马可·奥勒留《沉思录》, 5.17

若有人让狗去追汽车，它就会去追汽车。孩子若不加限制，就会无法无天。投资者若无原则，就不是投资者，而是个赌徒。无法自控的、不清楚掌控自己力量的心智，就只会绕着外部事件或盲目的冲动团团转。

这可不是你想要的明天。因此，你必须得意识到这一点。现在，必须要重视训练和习惯，舍弃无知，重视自律。只有这样，你的行为举止才能开始有所改变。只有这样，你才能停下脚步，不再追求不可能、目光短浅和不必要的事。

4月

公正的思想

4月1日
思想的颜色

你的思想里经常有什么，心智就会什么样，因为人类的精神受这些成见的影响。

——马可·奥勒留《沉思录》, 5.16

如果你的坐姿每天长时间都保持一个样，那你脊椎的弯曲度就会变化。医生能从X光照片（或验尸）中，判断出一个人是否长期伏案工作。如果你每天都穿又小又窄的盛装鞋，那你的脚也会变形。

思想，同样如此。假如你总持消极的心态，很快，你遇到的一切都会带有消极的色彩。关上心门，思想就封闭了。用错误的思想影响它，你的人生也将沾染同样的污浊。

4月2日
警惕你放入的东西

戏剧、打斗、恐惧、麻木，还有奴颜婢膝——无论何时，只要你的心智不加辨别地讨好它们或是让它们悄悄溜入，这些东西每天都会摧毁你神圣的原则。

——马可·奥勒留《沉思录》，10.9

你的身边若围绕着水平很低的人，做正确的事会难很多吧？电视里总是没完没了地播一些消极的节目，内心积极、富有同情心会难很多吧？别人的故事和冲突，若总占用你的时间，专注自己的问题会难很多吧？

不管我们多努力地避开这些影响，总会或多或少受其影响。但是，从来没有人说："我们必须允许那些影响渗进内心。"我们有能力防卫自己的内心，有能力决定真正该放什么进入。或许不速之客会来到你家，但你不必非得留他们吃饭，不必非得让他们进入你的内心。

4月3日
欺骗与分裂

周围的环境是会骗人的——你必须学会辨别。我们接受恶，先于善。现在渴求的，却是之前讨厌的。祈祷与祈祷矛盾，计划与计划矛盾。

——塞涅卡《道德书简》, 45.6

女人说，她想遇到一个好男人，然后嫁给他——然而却总是跟渣男在一起。男人说，他想找个好工作，却从不真正花精力去找。企业主管试图同时进行两个不同的战略——所谓的“骑墙”——结果因两种皆未成功而备受打击。

所有这些人，都被骗了、被分裂了，我们常常也如此，左右互搏。正如马丁·路德·金曾言“所有人的生活中，都有些东西在打内战”，此内战就是每个人内心的善恶之争。

斯多葛哲学家认为，内心的善恶之战，常常是各种渴求冲突、神经质的判断或带有偏见的思想导致的。人们没有停下脚步问问自己：嗯，我究竟想要什么？我究竟在追逐什么？试一下，就会发现我们想要的是矛盾的、不一致的，然后停下，不再自相矛盾。

4月4日
别让这种东西进入你的大脑

明确一点，你不是生来就做“皇帝”的，不要受皇权的玷污。但这有可能发生，因此，要保持简单、美好、纯粹、圣洁、朴素、正义之友、敬畏神祇、宽大为怀、关爱他人、履好本职。哲学希望你成为什么样的人，就努力保持什么样。敬畏神祇，互相照料。生命短暂——今生为有个好人格、为公共利益而有所作为。

——马可·奥勒留《沉思录》, 6.30

即便是构想马可·奥勒留度过的人生也很难——他并非生来就是皇帝，也非汲汲营营走上皇位，不过是强加在他身上的。突然间，他成了世界上最富有的人、地球上最强军队的领袖，统治有史以来版图最大的帝国，被封为人中之神。

无怪乎他写下类似开头的简短文字，提醒自己，不要脱离实际。没有那些文字，或许他会失去理智，忘了什么重要，毕竟有求于他的人，不乏谎言之辈，他很可能会沦为谎言的猎物。今天轮到我们了，无论碰巧在做什么，都会面临迷失自己的危险。

面对成功时，我们必须清楚，成功不会改变自己——纵然存在诱惑，但要继续保持本性。无论路上有什么好运相伴，都要让理智领路。

4月5日
信任，但也要确认

首先，不要让以往的印象左右自己。告诉自己："坚持一下，让我看看你是谁，来自哪里，我来检验你"……

——爱比克泰德《哲学谈话录》，2.18.24

人的心智，有很多神奇之处，其中一个就是敏捷，它能迅速理解事物并对其进行分类。马尔科姆·格拉德威尔（Malcolm Gladwell，1962— ）在《决断2秒间》（*Blink*）中写道，我们常常根据多年的经验和认知，瞬间做出决定，还能运用同样的技巧，确定偏见、成见和猜测。很显然，从前的思考是力量之源，而后来的思考则成了大大的弱点。

花点时间思考一下自己的思想，对我们来说，不会损失什么。如，这件事果真这么差吗？我对这个人究竟了解多少？为何此时我有如此强烈的感觉？焦虑的确雪上加霜了吗？这个人有什么特别之处？

通过问这些问题——也就是像爱比克泰德建议的那样，让我们以往的印象接受考验——就不太可能被这些问题左右，做出错误或有偏见的行为。我们依然可以自由地利用直觉，但不要忘了，要如俄罗斯的谚语所言："信任，但也要确认。"

4月6日
做好应对消极事物的准备

> 早上起床后先告诉自己：我会碰到多管闲事儿之人、忘恩负义之人、极端利己之人、谎话连篇之人、嫉妒小人，还有怪人。因为他们不知道善恶之别，都在经受这些苦难的折磨。因为我理解善之美、恶之丑，我知道那些作恶者依然是我的同类……而且知道没人伤害得了我，也没人能把我扯入丑恶之中，我也不能对亲近之人生气，抑或憎恶他们。因为我们是为合作而生的。
>
> ——马可 · 奥勒留《沉思录》, 2.1

有一点，你可以十分确信：今天的某个时间点，你会与某个看似很蠢的人打交道（我们都曾蠢过），问题是：你要不要做好准备?

这个练习，让人想起18世纪法国作家、讽刺家尼古拉斯 · 尚福尔（Nicolas Chamfort，1741—1794）的一个笑话：假如你“每天早上吞一只癞蛤蟆”，那接下来无论发生什么恶心的事，你都会百毒不侵。就在醒来的那刻，提前明白别人行事往往自私或无知（癞蛤蟆），难道不好于整日耿耿于怀吗?

但这个问题还有后半段，正如马可引语的后半句所言：“没人能把我扯入丑恶之中，我也不能对亲近之人生气，抑或憎恶他们。”这种准备的意义，就是提前不否定所有人。或许，正因为你已准备好，所以就能以耐心、容忍和理解应对了。

4月7日
期待改变你的想法

有两样东西必须要从人类世界根除：傲慢的想法和不信任。傲慢的想法，让你以为再无所需之物；不信任则会让你以为，周围环境的洪流中不可能存在幸福。

——爱比克泰德《哲学谈话录》, 3.14.8

开始某个项目时，有多少时候，我们明确知道到底怎样进行？见到某些人时，有多少时候，我们会思考究竟对其了解多少？又有多少时候，这些推测证明彻彻底底的错误？

这就是我们必须与偏见和先入之见对抗的原因：它们是一种累赘。问问自己：我没有考虑到什么？为什么这件事是这个样子？我是造成问题的一部分，还是解决问题的一部分？我会不会错了呢？对不知道的事，要加倍小心地尊重，然后去认识它，不要受已有认知的影响。

记住，若说斯多葛哲学的核心中有个关键思想，那就是我们没有自己所想的那样聪明、智慧。如果想要智慧，就要从质疑和谦逊开始——而不是如许多人所想，从确信无误、不信任和傲慢开始。

4月8日
接受赝品的代价

一说到钱，人们就来了兴趣，人们有一整套的技艺，在这个领域，测试人员用很多方法发现价值……正如对那些可能让我们偏离方向的事物，在判断上予以重视一样。但一说到我们自己的主要原则，就会哈欠连连，满脸困意，接受任何一闪而过的表象，而不权衡得失。

——爱比克泰德《哲学谈话录》, 1.20.8；11

原来钱币的制作工艺还很简陋的时候，人们必须花很多时间检验真伪，确保刚刚收到的钱是真的。希腊单词“dokimazein”意为“鉴定”或检验矿石的质量。商人往往技巧娴熟，把钱币投向硬质表面，听它发出的声响，就能断定真假。即便是今天，若有人要给你一百美元的纸币，你还会用手指揉搓或举到光线底下，确定不是假币。

这一切都是因虚拟货币而起，是社会的产物。做这个比喻，重点是强调为验证钱的真假，我们投入了许许多多的心力，然而，对一些可能改变人生的想法或设想，竟不假思索就予以接受。比如，有个设想很讽刺：拥有很多钱会使你富有。或者某个事因为很多人相信就必然为真。

的确，我们应该像货币兑换商一样，警惕地检视这些说法。原因正如爱比克泰德给我们的忠告一样：“哲学家首要和最伟大的任务，就是检验和分辨表象，对未经检视的，一律不轻举妄动。”

4月9日
检视你的印象

> 从一开始，练习对每个严厉的印象说："你只是个印象，一点都不是你看起来的样子。"接下来，用你掌握的原则检视它、验证它，最重要的是，它在自己的控制范围之内还是之外，如果是后者，就准备好回应这句："对我来说，它无关紧要。"
>
> ——爱比克泰德《指南》, 1.5

在过度量化的准则和程序的世界中，有些人转向了别的方向。胆大的指挥者会"相信自己的直觉"，精神领袖会说"让身体指引自己"很重要。我们面临艰难的抉择时，尝试帮忙的朋友或许会问："此时什么感觉？"

然而，运用直觉做决定的方法，与研究结果背道而驰，大量的案例研究表明：直觉，直接会让人陷入困境。我们的感知，从来就没对过！人类作为进化缓慢的动物，已发展出各种各样的探索方法、偏见和情绪反应，或许在大草原上效果很好，但在当今世界则完全适得其反。

斯多葛哲学主要在于培养一种意识，让你退一步，分析自己的感觉，质疑它们是否准确，然后只保留积极的、有益的感觉，继续使用。当然，把原则、秩序抛到九霄云外，只跟着对的感觉走，特别吸引人，但如果年轻时的许多悔恨能说明什么的话，此刻对的感觉，也并非总能经受得住时间的考验。对自己的感觉，保持怀疑态度。之前说过了：信任，但也应反复确认。

4 月 10 日
判断造成干扰

干扰人的，并非事件本身，而是对事件的判断。

——爱比克泰德《指南》, 5

日本剑术家武藏（Musashi）曾对“感知的眼睛”和“观察的眼睛”做了区分。观察的眼睛，看到是什么。而感知的眼睛，看到可能意味着什么。你觉得哪一个最让我们苦恼呢?

事件是无生命的，是客观的，是什么就是什么，观察的眼睛看到的就是这些。

这会毁了我的，怎么会发生这种事儿呢? 真是的! 都怪谁谁谁，这都是感知的眼睛在作祟。带来了干扰，还把责任推到事件上。

4月11日
若想学习，就要谦逊

扔掉你自负的想法，一个人对自以为已经会了的东西，是不可能开始学习的。

——爱比克泰德《哲学谈话录》, 2.17.1

在所有斯多葛哲学家中，爱比克泰德离真正的老师身份最近。他曾办过学校，曾教过课。他的智慧之所以能传给我们，实际上仰赖于那位认认真真做笔记的学生。学哲学的学生，有一点颇让爱比克泰德苦恼，打从一开始也一直苦恼着大学教授，那就是：明明说想让老师教的学生，偏偏私底下认为自己什么都会了。

事实是，我们自认无所不知是不对的，若能放下那种态度，能学到更多知识。不管我们多聪明或多成功，总有比我们更聪明、更成功、更有智慧的人。爱默生所言极是："我遇到的每个人在某个方面都可做我的老师，因此，我向他学习。"

你若想学习，若想改善自己的生活，从走出去找老师、哲学家和伟大的书籍开始吧。不过，这种方法，只在你谦逊、愿意抛开已有的看法时，才行得通。

4月12日
拒绝诱人的礼物

阿特柔斯（Atreus）：谁会拒绝洪水般涌来的幸运礼物啊？
梯厄斯忒斯（Thyestes）：那些曾眼看着它们轻易流回去的人。

——塞涅卡《梯厄斯忒斯》，536

塞涅卡最黑暗、最令人震惊的戏剧中，《梯厄斯忒斯》算是其一。即便在两千年后，它依然是复仇类文学的经典。阿特柔斯对兄弟梯厄斯忒斯怀恨在心，引诱他进入充满诱人又丰厚的礼物的残酷陷阱，上述引语即摘自该场景，未做任何改动。起初，梯厄斯忒斯拒绝了，令他的对手大大受挫。

有人若是拒绝了昂贵的礼物、荣誉或成功的地位，人们通常的反应就是惊讶。威廉·T. 谢尔曼（William T. Sherman，1820—1891，美国内战时期联邦军著名将领，陆军上将——译者注）将军断然拒绝了竞选美国总统的提议，他曾说："若非提名，我不会接受，若是选举，我不会就任。"若他的朋友尤利西斯·S. 格兰特（Ulysses S. Grant，1822—1885，美国内战时期军事家、陆军上将、第18任美国总统——译者注）也做过这种"谢尔曼式的声明"（闻名于世的拒绝方式），格兰特肯定会保护自己的遗产，免受灾难性形势变化的影响。

梯厄斯忒斯不顾最初的担忧，终于上钩，听从劝说，接受了"命运的礼物"……最终诡计得逞，揭开了毁灭性悲剧的大幕。虽然不是所有的机遇都充满危险，但这出戏意在提醒我们，新的、闪闪发光的事物，若受其吸引，会招致严重的麻烦。

4月13日
少即是多

切莫勉强、自私、不尽职尽责，或反其道而行，切莫用华丽的言语过度装饰你的思想，切莫言行过多……要快乐，不要指望外界的帮助或指望别人帮你分担。一个人要自食其力，而非依赖他人。

——马可 · 奥勒留《沉思录》，3.5

俗话说“少即是多”，这句话适用于生活的大部分领域。比如，人们景仰的作家，往往惜字如金，简洁明了。他们的言外之意与所言之意同样重要，有时言外之意更为重要。菲利普 · 莱文（Philip Levine，1928—2015）有首诗，题为《若一字为多他就一字不说》（*He Would Never Use One Word Where None Would Do*）。《哈姆莱特》最精彩的一幕中，波洛尼厄斯（Polonius）做了长篇大论、文采飞扬的演讲，之后王后格特鲁德（Gertrude）反击道：“多些事实，少些矫饰。”正解！

面对不能一走了之的听众和无限的权力，罗马皇帝马可告诉自己，不要做一个“言行过多”的人。下次你再感觉自我放飞或有点自以为是时，下次想给他人留下好印象时，就用这句话提醒自己。

4月14日
专注重要之事

相信我，专注于自己生活的资产负债表，远好于专注于粮食市场的资产负债表。

——塞涅卡《论生命之短暂》，18.3b

有些人努力想成为这些领域的专家：梦幻运动游戏、名人的鸡零狗碎、衍生产品和商品市场、13世纪神职人员的卫生习惯等。

人们可以精于拿薪水的工作，或者擅长可能拿报酬的爱好。然而，自己的生活、习惯和爱好，对我们来说，也许就是个谜。

塞涅卡写下上面那句警语时，他的岳父正负责罗马的粮仓。但当时因政治原因，撤销了他的职位。塞涅卡因此说，真正在意的人，现在可以关注自己内心生活的能量了。

在地球这颗行星生活的最后时日里，哪些专门知识会更有价值——是你对生死的理解，还是对1987赛季芝加哥熊队的了解？哪个对你的孩子帮助更大——是你对幸福和意义的认知，还是你三十年如一日地关注的政治大事？

4月15日
纳 税

永远不会有什么事落在我头上，令我沮丧或心情很糟。我会开开心心地纳税。现在，所有带来抱怨或恐慌的事儿，就像生命的税——亲爱的卢西利厄斯（Lucilius），这种事儿，你永远不应希求豁免或逃脱。

——塞涅卡《道德书简》，96.2

该缴纳所得税时，或许你会像许多人一样——抱怨自己不得不向政府纳税。我辛苦所得的百分之四十都要送给那些人？凭什么！

首先，税收用在了许多你几乎完全不当回事儿的项目和服务上。其次，你觉得自己很特别吗？几千年来，人们一直在抱怨纳税，如今也都不在了。所以别再抱怨了吧。最后，能纳税是好事儿。比如，远远强过挣钱很少、根本没钱纳税的人，远远强过生活在无政府状态（世道混乱）的人，远远强过在与自然做斗争中为每一项基本服务付费的人。

但更重要的是，所得税不是你生命中缴纳的唯一一种税，所得税只是金钱形式的。我们做的每件事都有代价，等待是为旅行纳税，流言蜚语是为公众人物的地位纳税。即便最幸福的关系，也有“意见相左”和“偶尔沮丧”为其纳税，盗窃是为富庶和拥有他人想要的东西纳税。压力和问题是随成功而来的关税，等等。

生命中，有很多纳税形式。你可以与它们争吵，也可以无休无止地去逃避它们（但往往是无用功），又或者，简单地缴完税后，享受你拥有的果实。

4月16日
观察因果

要密切留意谈话时对方说的话，还要密切留意伴随任何行动而来的问题。行动中，立即寻找目标；话里话外，密切倾听对方在示意什么。

马可　奥勒留《沉思录》, 7.4

通过心理学家阿尔伯特·艾利斯（Albert Ellis，1913—2007）的作品，斯多葛哲学搭着著名的“认知行为治疗”（CBT），已影响到数百万人口。作为一种治疗形式，CBT帮助患者识别其思想和行为中的诸多破坏模式，这样一来，久而久之，他们就能朝着更积极的方向引导和影响它们。

当然，马可·奥勒留从未受过专门的心理训练，但他的话与医生的话同样重要。马可要你观察自己的思想以及这些思想带来的行动，这些想法从何而来？其中有没有偏见？是建设性的还是破坏性的？会让你犯错或做出事后后悔的行为吗？找出这些形式，找出因果关系。

只有完成这些，消极的行为模式才会被打破，那时才能改善实际生活。

4月17日
零伤害，零犯规

终结有关我受伤害的想法，伤害也就随之消失。拒绝受伤害，伤害就不在。

——马可 · 奥勒留《沉思录》, 4.7

一个词可以有多重含义，一种用法可能表示很残酷，而另一种或许完全无害。同一个词可以表示残忍的诽谤，也可表示一堆枯枝。同样地，讽刺性的说法与尖酸刻薄的说法大相径庭。

对一段话或一个词的解读，会产生巨大的力量。这就是开心和难过之间的分野，也是关系破裂和交往和谐的分野。

因此，我们在交流的时候，不带有偏见和不戴有色眼镜，是相当重要的。听到或看到什么，什么样的解读会映入眼帘呢？你对别人的意图，“默认的解读”是什么样呢?

如果你想少些沮丧或伤心，那就在解读他人话语时，千万不要妄加揣测。要从某个人的行为或从外部事件上，选出正确的推断，这样，你才更有可能做出正确的反应。

4 月 18 日
看法就像是……

什么是坏运气？不过是看法。冲突、争论、责备、指责、不敬和轻浮是什么？都是看法，更有甚者，都是存在于你本人的理性选择之外的看法，呈现出好或恶的表象。人要转变自己的看法，只转到属于自己选择的领域，我就能保证无论周遭发生什么，这个人都有平和的内心。

——爱比克泰德《哲学谈话录》, 3.3.18b－19

看法，每个人都有。

对自己的所有看法做一番思考：关于今天天气是否合宜，关于自由人士和保守人士信奉的内容，关于谁谁谁的言论粗鲁与否，关于你成功与否，等等。我们不断看着周围的世界，把自己的看法置于其上，而且这些看法往往受教条（宗教的或文化的）、权力、期待的影响，还有某些情况下无知的影响。

难怪我们会如此频繁地感到沮丧和生气！但是，如果放下这些看法会怎么样呢？就让我们把它们驱逐出生活，只留事情简单的模样。没有好坏之分，不给其披上看法或判断的外衣。原来怎样，就是怎样。

4月19日
冲动的范围

“赞同的艺术”已被人遗忘，爱比克泰德说我们必须要找到它，并特别关注“冲动的范围”——冲动服从于保留意见、公共利益，与实际价值成正比。

——马可 · 奥勒留《沉思录》, 11.37

马可，当时世界上权力最大的皇帝，却在日记中引述了一个奴隶的智慧（我们由此得知，马可或许通过爱比克泰德的一个学生，得到了他演讲的第一手笔记）。从根本上看，这个智慧是关于屈服、服务公共利益的，即关于权力的有限性和检视冲动的重要性，是每一位手握权力的人士需要聆听的内容。

掌权和无权看似根本不可能融合，但一旦融合，就可以改变世界。想想亚伯拉罕 · 林肯，贵为美国总统，却与弗雷德里克 · 道格拉斯（Frederick Douglass）见面、通信，向他学习，而后者也是个奴隶，但足智多谋，目光深远。

无论如何，所有依照原则生活的人都可表述为：在我们的生活中，不管你手握大权还是毫无权力，给可能发生之事留有余地，把公共利益和事物的真正价值置于重要位置至关重要。尤其是，愿意向任何人、所有人学习，不管他身份如何。

4月20日
真善很简单

大众眼中的“好的”东西是什么呢，思考这个问题有个方法。如果你一开始就把目光锁定在无疑是“好的”东西上，如智慧、自控、公正、勇气，有了这样一个先入之见，你就再也听不进那句老生常谈：人的一生中，有太多的好东西去经历。

——马可 · 奥勒留《沉思录》, 5.12

世上有些东西是人们珍视的（以及强迫你去珍视的），也有些东西是真好的，这么说，会不会有歧义呢？或者质疑财富和名声真的像人们说的那么好吗？塞涅卡在他的一出戏里如是说：

“一旦贪财的心灵对万物敞开，

内心会点燃多么强烈的恐惧啊！”

几百年来，人们一直认为财富是一剂良药，能治愈心中的不快或问题。辛苦努力追逐财富还因为什么呢？当人们终于获得了心心念念的金钱和地位，突然发现事实并非完全如他们所愿。同样，未加真心思考就觊觎的很多东西，也是这样。

另外，斯多葛哲学家主张“好的”东西更简单、更直接：智慧、自控、公正、勇气。凡是体悟到这类安静美德的人，是不会有那种买了之后就后悔的感觉的。

4 月 21 日
别让注意力溜走

一旦让你的注意力溜走一点儿，别指望只要你想，随时都能把它拉回来，相反，要铭记一点，正因为今天的错误，随之而来的所有事才一定会更糟……有没有可能不犯错呢？门儿都没有，但可以做一个时刻努力避免错误的人。从不让注意力开小差儿，至少可以避免几个错误，我们必须愿意这么做。

——爱比克泰德《哲学谈话录》, 4.12.1; 19

美国作家威妮弗雷德 · 加拉格尔（Winifred Gallagher）在《全神贯注》（*Rapt*）一书中，引用了密歇根大学认知科学家大卫 · 梅耶（David Meyer）的话："爱因斯坦并非在瑞士专利局同时做好几项工作时发明了相对论。"他是在之后，也就是当他真正有时间专注研究的时候。注意力很重要，而且，在我们这样一个时代，人们拿注意力来探索每一个新应用、网站、文章、书籍、推特、邮件，注意力的价值随之攀升。

关于这个问题，爱比克泰德认为，注意力是习惯，让注意力溜走、四处逛，会造成坏习惯，会让人犯错。

如果任何一个小小的打断，都能让你分神，那你永远完不成所有任务。注意力是你至关重要的资源，别浪费！

4月22日
理性之人的标志

理性的灵魂有如下特点：自我意识、自我审视和自我抉择。灵魂自给自足……灵魂实现自己的追求……

——马可·奥勒留《沉思录》, 11.1–2

今天要理性，我们只需做三件事：

首先，必须审视内心。

其次，必须批判性地检视自己。

最后，必须自己做决定——莫受偏见的影响或人云亦云。

4 月 23 日
内心完全属于你自己

你由三部分构成：身体、呼吸和心灵。其中，前两个只是由你照管，只有第三个才真正属于你自己。

——马可·奥勒留《沉思录》, 12.3

身体会因疾病受损，突发的事故会令身体负伤甚至残疾，还可能被囚禁、受折磨。呼吸会突然停止，只因阳寿已尽，或遭人夺命。除此，因为劳累或疾病，呼吸还会困难。但直到最后一刻，心灵都是我们的。

并不是说马可提到的生命的其他两个部分——身体和呼吸——不重要。只是相比心灵，它们不完全属于我们。毕竟租来的房子，你不会花很多时间修缮，对吧？心灵是我们的，自由且不受牵连。明确一点：我们要善待它。

4 月 24 日
有效利用“轻视”

当肉或其他食物摆在面前时，我们想，这是条死去的鱼，这是只死去的鸟或死去的猪；同样，这杯美酒不过是一串葡萄的果汁，这件紫边的长袍只是羊毛染了一点贝类动物的血。我们用头脑中的印象去认识、包裹实际发生的事，于是，看它们就像真的一样。

——马可 · 奥勒留《沉思录》, 6.13

斯多葛哲学有一条练习，或许恰好可以说成是对“轻视”的表达。斯多葛哲学家用近乎冷嘲的语言，来除掉生命中某些最吸引人、最令人觊觎的东西。如果你花点时间从如此荒谬的视角思考一下性，或许你在追求性的时候，就不大可能做出可耻或尴尬的事。对于感觉真好的某些东西，我们有着天然的偏见，这么做就是抵消这种偏见。

我们还可以把这种思路用在人们推崇的好多东西上。试想，你在社交软件上看到令人嫉妒的照片，就想那个人为了拍好照片，费了好大劲儿。升职有那么重要吗？看看那些所谓成功人士的生活，依然认为它有魔力？钱，想要更多，不愿与之分离，但想想上面有多少细菌、有多脏。还有你远远地欣赏的那个好看又完美的人？若他/她是单身，记住，一定是有人因某种原因甩了他/她，这种人一定是有问题的。

这个练习不会把你变得愤世嫉俗，而是提供一些你急需的客观性。

4 月 25 日
犯错本身没有错

如果谁能证明我的思想和行为有错，我会愉快地更正，因为我追求真理，追求真理还从未害过谁。但凡受伤之人，皆因容忍欺骗和无知。

——马可 · 奥勒留《沉思录》, 6.21

有个人曾引用哲学家西塞罗说过或写过的东西，试图与之争论。这个人称，西塞罗目前所言有别于之前的想法，西塞罗回应道：“我又不是只活一天！如果有些事让我觉得有可能，我就会说：我，跟别人不同，一直这样自由。”

谁都不应因改变自己的思想而感到羞耻，思想就是为此而生的。爱默生曾言：“愚昧地一味坚持，是小心眼儿的捣蛋鬼所为，为政治家、哲学家和圣人所不齿。”这就是我们要竭尽全力去学习，多多接触智慧的原因。如果一直找不到过去的错误，那才尴尬。

记住：你是自由人。若有人合理地指出你信仰或行动中的不足，并非是在批评你，而是在为你提供一个更好的选择，接受它！

4月26日
训练中总会出现问题

若你的拳击陪练抓伤了你或用头顶你，不要接着做什么，或用怀疑的眼神看他，又或认为他暗算你。留意就好了，但不是用敌人或怀疑的眼神，而是以健康的心态避开。

生活中的一切事，你都应如此。对我们的训练伙伴，很多事都应宽容以待。因为，正如我刚说的，可以在不持怀疑或憎恨的态度下避开。

——马可·奥勒留《沉思录》, 6.20

把每一天、每一种处境都看成是一种训练练习，也就没那么多风险了。你在解读自己和他人的错误时，突然就豁然开朗了许多。的确，相比每次比赛都慌乱地把冠军之位置于危险境地，这种态度的弹性更大一些。

今天训练时，若对方用肘部碰到自己，甩掉痛苦，提醒自己：我正在学习，我的拳击陪练也在学习。对我们俩来说，都是练习，仅此而已。我对他/她多了些了解，而从我的反应上，他/她也会对我多些了解。

4 月 27 日
翻个底朝天

翻个底朝天，看看究竟什么样——当老了、生病或堕落时，会成什么样。赞扬和受赞扬的人、怀念和被怀念的人，生命何其短促。在这些地方的某个角落，被人铭记着，甚至不是因同样的缘由被大家记着，甚至只有一个人记着。整个地球只是一粒微尘。

——马可 · 奥勒留《沉思录》, 8.21

斯多葛哲学就是要从每一个角度看待事物，而在某些情况下，换个视角更容易理解。在或许悲观的情况下，客观甚至肤浅地看待，或许实际上更好。这样的视角，我们不用过多追究它们可能代表什么或过多追究导致它们的原因，反而能看得更清楚。其他情况下，尤其是那些涉及给人深刻印象或值得夸赞的，换个方法，如轻蔑的表情，是很有帮助的。遇事从内向外检视，就不容易被吓到或受其影响。

好好琢磨琢磨你对死亡或黑暗的恐惧，你会发现什么呢？把某个华丽的典礼翻个底朝天，你又会发现什么呢?

4 月 28 日
欲望让你为奴

坦塔罗斯（Tantalus）：至高无上的权力是——

梯厄斯忒斯（Thyestes）：无权，因为无欲则刚。

——塞涅卡《梯厄斯忒斯》，440

现代世界中，我们与暴政的交集，相比古代，更多的是出于自愿。我们忍受控制欲强的老板，即便只要愿意完全可以换个工作。我们改变自己的衣着或忍着不说真实的想法，因为想融入某个很酷的群体。我们忍受残酷的批评或顾客，因为想得到他们的认可。在这些情况下，因为我们想，所以他们有权。改变这点，你就自由了。

已故美国时装摄影师比尔·坎宁安（Bill Cunningham，1929—2016）偶尔会拒绝给杂志开发票，一个自命不凡的年轻人问他为什么，坎宁安的回答特别霸气：“年轻人，你不拿钱，他们就不能指使你做什么。”

记住：拿钱，就想要钱，人尽皆知，也是事实，就是让你成为有这份钱的人的仆人。如塞涅卡所言，淡漠处之，把至高无上的权力变成无权，至少对你的生活而言是这样。

4 月 29 日
洗净生命的尘埃

仰望星体运行，想象自己与星辰一同奔跑。时常想想元素之交相变换，因为这样的想法，能洗净俗世生活的尘埃。

——马可 · 奥勒留《沉思录》, 7.47

盯着星辰看，若说感受不到什么，几乎不可能。美国宇宙学家奈尔 · 德葛拉司 · 泰森（Neil deGrasse Tyson，1958—　）说过，宇宙给我们填满复杂的情感。一方面，与浩瀚的宇宙相比，我们感到无比渺小；另一方面，又感觉与这个大整体有着极致的关联。

显然，每天我们都在自己的身体里，鉴于此，人们很容易认为这就是世上最重要的事。但通过观察自然，观察比我们大很多的东西，消除了这一偏见。塞涅卡有句话，很好地描述了马可的见解，后来成了谚语：Mundus ipse est ingens deorum omnium templum（意为：世界本身就是所有神祇的巨大庙宇）。

仰望着美好的广阔天空，就像一剂良药，解除世俗烦扰的纠缠不休的琐碎，沉浸于无边的平静。

4月30日
什么与你的性格相符

> 正如每个人对理性与非理性的理解不同，善与恶、有用与无用，看法也都因人而异。因此，我们需要教育，如此就有可能学会如何调节理性与非理性的先入之见，与自然和谐相处。为解决这个问题，我们不能仅仅依赖对外部事件价值的估计，还要运用与自己性格相符的规则。
>
> ——爱比克泰德《哲学谈话录》, 1.2.5 – 7

人们很容易受限于自己对事物的看法，就像追随看不见的剧本，依照甚至根本不懂的指令或模式。越是质疑这些剧本，就越能让剧本臣服于你所受教育的严格检测，就越能做自己的指南针，你要有属于自己、不属于他人的坚定的看法和思想。

性格是世上一道强有力的防御墙，很想能引诱你、收买你、诱惑你、改变你。若你知道自己相信什么，为什么相信，就会避开不良的人际关系，如伤害人的工作、酒肉朋友，以及各种坏东西，伤害那些尚未对其进行深刻思考的人们。接受教育正是为此，是你现在做这件事的原因。

第二辑

行动的准则

5月

正确的行动

5月1日
让品行做你最有力的发言人

因为哲学不关乎对外的炫耀，只关注和留心所需之事。

——墨索尼亚斯 · 鲁弗斯《讲课》, 16.75.15－16

僧侣穿僧袍，牧师佩戴硬白领。银行家身穿昂贵的西装，手提公文包。而斯多葛哲学家既没有统一的服装，也没有刻板的形象，无法从衣着、外貌、声音上辨别。

那辨别他们的唯一途径是什么呢？品行。

5月2日
做自己想做的人

首先告诉自己想成为什么样的人，然后做必须要做之事。因为我们发现，几乎每个追求都是这么回事。有体育追求的人，首先选择想做的运动项目，然后去训练。

——爱比克泰德《哲学谈话录》, 3.23.1 – 2a

弓箭手很难射中未瞄准的目标，你也如此，无论目标是什么。若你懒得后退再瞄准射箭，那肯定打不中目标。感知和原则引导我们选择想要的东西——但最终行动决定了是否能实现目标。

因此，花些时间，真正的、不受打扰的时间，思考一下对你来说，什么很重要，什么最重要。然后，放弃其他，只朝那个方向努力。只是心存希望是不够的，一个人必须要行动，且是正确地行动。

5月3日
知道与做到

学点纯理论就迫不及待往外说的人，就像吃了东西但胃不舒服往外吐一样。首先要把理论消化了，就不会吐了，否则，就只是生的、变质的，没有营养。将理论消化之后，用你的理性选择再现知识，就像体操运动员的肩膀再现了他们的节食和训练，就像工匠的手工艺品再现了他们的所学。

——爱比克泰德《哲学谈话录》, 3.21.1 – 3

斯多葛哲学的许多格言，简单易记，甚至引用时听起来很明智，但这并非哲学的真正意义，斯多葛哲学的目标是把文字转变成作品。正如墨索尼亚斯 · 鲁弗斯所言，对哲学最好的辩护就是“知行合一”。

今天，或无论何时，当发现自己自以为是地丢出某些掌握的知识时，顿住，问问自己：这些知识，我是用嘴巴说出来好呢，还是用行动和选择展现出来好呢?

5月4日
真正令人印象深刻的行为

许多人知道你做得好，比过奢侈浪费的生活强很多。把钱花在人民身上，比花在棍棒和石头上更值得。

——墨索尼亚斯 · 鲁弗斯《讲课》, 19.91.26－28

想想你所了解的富人和名人的生活方式，谁谁花数百万买了一套豪宅，谁谁带着私人理发师周游世界，谁谁养了一头宠物虎或大象。

罗马时代也有相似的街谈巷议和恶臭名声，某些罗马人因花费数千塞斯特斯（古罗马货币名）在锦鲤池上而闻名于世，还有人以热衷于纵欲派对和奢华盛宴而臭名远播。古罗马诗人如朱文诺和马尔西亚（Martial）的作品中充斥着这类花边逸事。

显赫的富人赚得了，也最终得到了借由花钱想得到的东西：名声。但是，多空洞的名声啊！花钱啊、挥霍啊、浪费啊，真给人留下深刻印象了吗？只要有钱，谁做不到呢？

马可·奥勒留勇敢地卖掉了皇宫里的一些家具，用以偿还战争债务。往近里说，乌拉圭前总统何塞 · 穆希卡（José Mujica）在任时，坚决要求把自己工资的90%捐给慈善机构，而自己则开25年前的旧车。谁能做到？不是所有人都能做到。所以，谁更令人印象深刻呢？

5月5日
你自己就是研究的对象

优秀、杰出人才的原材料，是他自己的指导理性，医生和体能教练是人的身体，农民是农场。

——爱比克泰德《哲学谈话录》, 3.3.1

专业人士用不着为花时间训练或练习辩解，他们做的就是这个，而练习使其更加擅长。原材料因职业而异，就像地点和时间因人和职业而异一样，但不变的是这些材料的加工、逐步改进和精通。

斯多葛哲学认为，内心正是你必须投入最多精力、理解最透彻的资产。

5月6日
正义很美

那什么能造就美好的人类呢？难道不是人类卓越的表现吗？年轻人，你若想做个美好的人，就勤勉用功，造就卓越吧。而那又是什么呢？观察那些你真心实意赞美的人。是正义之士还是非正义之士？正义之士。脾气平和的人还是没规没矩的人？脾气平和的人。有自制力的还是没自制力的？有自制力的。努力让自己成为那样的人，你就会变美好——但你若忽略这些品质，就会丑陋，纵使你用书里的每个窍门儿让自己看起来很美。

——爱比克泰德《哲学谈话录》, 3.1.6b－9

当代人的美感观念很可笑。对于什么东西有吸引力，我们的标准极其“非斯多葛”，我们珍视、赞赏人们几乎完全无法掌控的东西：高颧骨、肤色、身高、锐利的眼睛。

在基因的博彩中拔得头筹就真的漂亮吗？或者，美应取决于我们培养的选择能力、行为和品行？如做事稳妥、正义感、对责任的担当，这些都是漂亮的优点，比外表深刻得多。

今天，你可以选择抛弃偏见、行事心怀正义、稳妥、有自控力，即便意味着奉献和牺牲。如果这都不叫漂亮，什么叫漂亮？

5月7日
如何愉快地过一天

神定下这条铁律：你若想要好东西，从自己身上取。

——爱比克泰德《哲学谈话录》, 1.29.4

今天若想过得愉快，可以这样做：做好事。其他快乐来源，都不在你的控制范围，或者不可再生。但这个来源完全属于你，永远属于你，没有尽头，这就是自立的终极形式。

5月8日
善还是恶？看你怎么选

> 善在哪儿？在我们理性的选择里。恶在哪儿？在我们理性的选择里。非善非恶又在哪里？在我们理性选择之外。
>
> ——爱比克泰德《哲学谈话录》, 2.16.1

今天，发生了一些事，你发现自己在琢磨这些事意味着什么——在你发现自己思考不同的决定时，记住：要做的正确之事，永远来自自己的理性选择，不关乎是否有回报。不关乎是否会成功，而关乎是否是正确的选择。

爱比克泰德的格言帮我们带着清醒的头脑和自信，克服所有这些问题，某件事是好是坏？是对是错？

别的一切都不管，只关注你自己的选择。

5月9日
活在当下

因此，时光飞逝，不可阻挡，在意识到为时已晚、已被抛在后面之前，让我们全心全意地出发，抛开诸多干扰，只致力于这一个目标。太阳每天升起，把每天都当成最好的一天来迎接，让它成为你自己的财富，我们必须要抓住会逝去的东西。

——塞涅卡《道德书简》，108.27b－28a

今天，你只过一次，你只有二十四小时。之后，它就离开了，永远消失。你会完全活在今天吗？你会喊出“我把今天抓到手了”，并竭尽全力在今日做到最好吗？

今天在指缝间溜走成为过去之前，你会充分利用它吗？有人问你昨天做了什么，你真想回答“什么都没做”吗？

5月10日
不要由他人鼓舞，要做鼓舞他人的人

让我们也做出一些属于自己的大胆之举，加入大众争相模仿的行列。

——塞涅卡《道德书简》, 98.13b

政治家取悦迎合大众，无论是在古希腊、古罗马时代，还是今天，都很常见。他们会对群众、群众的国家、过去鼓舞人心的军事胜利，不吝赞美之词。你曾听一位政治候选人说过多少次这样的话，“这是世界历史上最伟大的国家”？正如演说家德摩斯梯尼（Demosthenes，前384—前322）所言，一个演讲者站在某个著名或神圣的地标之前，“赞扬（我们的）祖先，描绘其丰功伟绩，罗列其战利品”，我们很愿意坐上数小时听他说。但是这种恭维话有什么用呢？没什么用。更糟的是，因为赏识这类闪耀的溢美之词，让我们忘了他们的真正目的。德摩斯梯尼还指出，这样一来，我们反而背离了曾激励我们的祖先。他给雅典人做的演讲，最后那句，后来塞涅卡也复述过，而且几个世纪后，依然在回响。他说：“那么，反思吧，你的祖先建立的那些伟绩，不是让你以惊讶之情凝视的，而是你也应效仿建立伟绩的祖先的美德。”

本书中所引句子，以及你听到的其他鼓舞人心的话语，也是如此。不要只钦佩，要用，要循着他们的足迹前行。

5 月 11 日
负罪感比坐牢还难受

若要内心平静，最重要的是，不做任何错事。失去自控力的人，生活没有方向，一团糟。

——塞涅卡《道德书简》, 105.7

想想逃跑几年后愿意自首的逃犯，为什么要自首呢？本来是自由的，领先法律一步，但放弃了！因为负罪感和逃亡生活的压力，最终比设想失去自由更可怕，事实上，那是自我囚禁。

出于同样的原因，小时候的你有次对父母说谎，虽然他们毫不怀疑，但也许你还是承认了。出于同样的原因，夫妻中有一人对婚姻不忠，纵使对方毫不知情，也会自动承认。遭背叛的那方边往外走边大声说道：“你为什么要告诉我这个？！”“因为一切都太顺利，我再也受不了了！”

做错事，代价很大，不仅是对社会，还有犯错人本身。看看多数违背伦理和规则的人的生活，还有往往随之而来的混乱和痛苦。这类惩罚，往往与社会给予的惩罚几乎一样糟，或者更甚。

这就是许多轻罪犯罪嫌疑人承认或自首的原因，他们并非一味坚持，而是在最低谷时，最终承认：生活不是这样的。他们想做正确的事，换来内心的安宁，你也一样。

5月12日
善良一直是正确的回应

善良是无敌的，但只有在它纯正时，容不得丝毫的伪饰或虚假。因为纵使最恶毒的人，倘若你一直善良相待，若有可能，就在他试图伤害你的时候，你温和地指出他错在哪里，他会做什么呢？

——马可·奥勒留《沉思录》，11.18.5.9a

如果下次有人待你很刻薄，你没有忍住还击了，会怎么样呢，但你若不减善良地回应，又会怎么样呢？如果你能“热爱敌人，好好对待憎恨你的人”，会如何呢？你觉得那样会产生什么样的效果呢？

《圣经》中说，你若能对憎恶的敌人做件好事或关心他，相当于“把燃烧的炭火堆到了他的头上”。人们对憎恨的预期反应是更加憎恨。今天，若有人说尖酸刻薄的话，他会期待你同样的回应，即不带善意的回应。你若不回以尖酸刻薄，他会很尴尬。对他的体系而言，是个冲击，会让他和你都更好。

大多数粗鲁、刻薄和残忍，都是根深蒂固的软弱的面具。这种情况下，只有拥有强大力量的人才可能善良。你拥有那种力量，运用它吧。

5月13日
点燃习惯的篝火

每种习惯和能力都以相应的行动形成和培养，如走路通过走路，跑步通过跑步……因此，你若想做某事，就形成习惯，若不想，就不形成习惯，反过来，去形成做别的事的习惯。这也适用于我们的心态。生气时，你不仅在经历那种不幸，还加强了一种坏习惯：火上浇油。

——爱比克泰德《哲学谈话录》, 2.18.1－5

亚里士多德说："我们总做什么，就是什么样的人。因此，优秀不是一种行为，而是习惯。"斯多葛哲学家还认为，我们是自己思想的产物（如马可·奥勒留所言，"比如你习惯的想法，也会成为你内心的特征"）。

想想你上周做的事，还有你为今天和未来七天做的打算。与你想成为的那种人或者你把自己看作的那种人做一下比较，你的行动真的与之相符吗？你点燃的是哪一团火？你正在成为哪一种人？

5月14日
幸福存在于行动之中

那些沉迷于荣耀的人把自己的幸福与他人的关注连在一起，热衷快感的人把幸福与感觉连在一起，但真正理解幸福的人，只在自己的行动中寻找幸福……想想一个人所取悦的对象的品行，一个人意欲得到的财富，还有为这些目的采用的手段。时间很快就擦掉了这些东西，有很多已然擦去。

——马可 · 奥勒留《沉思录》, 6:51, 59

如果你的幸福取决于完成特定的目标，那命运一旦干涉，会怎么样呢？被勒令停止了，会怎么样呢？若有外部事件打断了，会怎么样呢？如果你达成了所有目标却发现没人在意，会怎么样呢？问题就在于，让无法控制的事决定自己的幸福，是极度危险的。

如果演员只注重公众对作品的认可度，不管评论家喜欢与否或会不会火，那他就会不断失望，不断受伤害。但如果他热爱表演，把自己的所有精力投入进去，在能力范围之内做到最好，那他总能在演戏中得到满足。像他们一样，我们应从自己所做的事，即做正确的事中寻找乐趣，而不是从做事的结果中寻找。

那么，心怀大志不应是为赢得胜利，而是尽最大努力去拼搏。帮助他人，不应为得到感谢或认可，而是认为这么做是正确的。注意力不应放在我们身上发生了什么事，而应放在如何回应上。从中我们总会获得满足感和适应的能力。

5 月 15 日
多往好处想

不要总盯着不属于自己却当成自己的东西，要多盘点盘点你真正拥有的，想想若它们不属于自己，你会对它们有多少渴望呢。但你要当心，你没有把它们珍视到丢了会心烦的程度。

——马可 · 奥勒留《沉思录》, 7.27

我们经常觊觎他人拥有的东西，我们极力地与别人攀比，而别人也拼命地与我们攀比。

若一切没这么悲惨，会很有趣。所以，今天，别再试着去得到别人拥有的东西。克制自己收集和囤积的冲动吧，生活和行动不是这样的。欣赏并利用你当下拥有的，让态度引导你的行为。

5月16日
连锁法

若你不想做个头脑发热的人，那就别养成习惯。第一步，努力保持镇静，数数自己有多少天没生过气了。我以前每天都生气，后来是每隔一天，再后来是每隔三四天……若你能做到每隔三十天，谢天谢地吧！因为习惯先是变弱，之后就消失了。一旦你能说出“我今天没发火，第二天也没有，后来的三四个月都没有，盛怒之下，我保持住了冷静”，你会发现身体更健康了。

——爱比克泰德《哲学谈话录》, 2.18.11b－14

喜剧演员杰瑞·赛恩菲尔德（Jerry Seinfeld，1954—　）曾给年轻喜剧演员布拉德·艾萨克（Brad Isaac）一些关于如何编写和创作素材的建议，他对他说，准备个日记本，每天写笑话的时候，加一句“即将推出X”就够了，连锁体系就开始运转，接下来你要做的，就是不要让这根连锁断掉。成功就成了“动力”的问题，只要加一点，就更易运转下去。

赛恩菲尔德用连锁法是为形成一个积极的习惯，而爱比克泰德认为，还可以用它来消除消极的习惯，这和“一天一次”戒酒没多大差别。选个日子，早上开始做点什么，不管是控制脾气，还是东瞅瞅西看看，又或是拖延。第二天再做同一件事，日复一日。形成一条连锁，之后努力别弄断它，别毁了你的连续性。

5月17日
练习斯多葛是现在进行时

让我看看谁病着但开心，有危险但开心，快死了但开心，遭流放但开心，蒙受耻辱但开心。让我看看！神啊，我好想看看斯多葛哲学家。但既然你给我看不了完美的人，那至少也让我看看主动让自己变得完美的人吧，或者有这类倾向的人……让我看看吧！

——爱比克泰德《哲学谈话录》，2.19.24 – 25a，28

与其把哲学看作一个人渴求的目标，不如把它看作一个人用到的东西。不是偶尔用用，而是一生都用——沿着这条路，不断积累进步。持续不断地运用，而非无形地顿悟。

爱比克泰德就总爱让学生们摆脱因进步而产生的自鸣得意、沾沾自喜。他想提醒学生（现在是提醒你），如果我们想逐步接近那个完美的样子，就要每天不断努力，严格训练。

要记住重要的一点，在通往自我完善的旅途上，没有终点。圣人，也就是任何境遇下都有着完美表现的斯多葛哲学家，是理想，不是终点。

5月18日
你怎么做一件事，就怎么做所有事

专注你眼前的事——训练、任务，或正在描绘着的东西。

——马可 · 奥勒留《沉思录》，8.22

思考未来很有意思，人们很容易反复回忆过去，但把精力投入到正摆在面前的事却很难，尤其是不想做的事。我们认为：这只是份工作，不代表我是谁，这不重要。但是，这真的重要。谁也说不准，或许这是你能做的最后一件事。比如，戴夫长眠在这儿，活埋在堆积如山的未完成的工作之下。

“你怎么做一件事，就怎么做所有事。”这句话很对。今天你怎么过，每一天便怎么过。这一分钟你怎么过，每一分钟便怎么过。

5 月 19 日
学习、练习、训练

这就是为何哲学家们提醒我们，不要只满足于纯粹的学习，还要练习，然后训练。因为随着时间的流逝，我们会忘记学过的内容，最终适得其反，反而坚持不应该的相反看法。

——爱比克泰德《哲学谈话录》, 2.9.13 – 14

很少有人靠只看教学视频或听人解释，就能明白前前后后该怎么做。其实，大多数人必须得做上好几次，才能真正学会。武术、军事训练以及几乎所有的体育训练，有一个共同点，就是几个小时几个小时的单调训练。顶级运动员花数年训练的动作，比赛时只有短短数秒的时间，有的甚至更少。两分钟的训练，如何从被勒住脖子中逃脱、如何做到完美的跳跃。仅仅知道是不够的，必须要融入肌肉和身体练习，必须成为自己的一部分。否则，稍感压力或困难，就会有失败的危险。

哲学原理同样如此，你不能只听了某些内容一次，就指望在周围世界坍塌时去依赖它。记住，马可 · 奥勒留并不是在为别人写沉思录，他是主动为自己沉思。虽然他很成功、很有智慧、阅历颇多，但他直到生命的最后时日，依然在练习和训练自己做正确的事。就像一位黑带级选手，依然每天出现在武术馆练习翻滚；就像一位专业运动员，依然坚持每周都去练习，即便别人可能认为没这个必要。

5月20日
质量重于数量

拥有数不清的书籍和文库有什么意义，光书名一辈子几乎都读不完。学习的人不是教出来的，是身上担着纯粹的书卷，精心耕种几个作家的种子，好过胡乱撒下一堆。

——塞涅卡《论心灵的宁静》，9.4

死前读的书数量最多，没什么可嘉奖的。即便你是世界上最专心致志的读者，甚至一天读一本，你脑中的藏书或许也不会大过一个小小的图书馆分馆。甚至可以说，你永远无法与谷歌图书服务器的存储内容相匹敌，也无法跟亚马孙每年发布的数十万种新图书保持同步。

但是，你在读书和学习时，如果把质量看得比数量重要，会怎样呢？如果深入精读几本经典图书，而非粗略地浏览所有新书，会怎样呢？你的书架或许会空很多，但脑海和生活会丰富很多。

5 月 21 日
你是哪种拳击手

不过，什么是哲学呢？难道不只是让我们应对好未来可能发生的事吗？难道你不知道那样其实就相当于说：我若真准备好承受，那就让将要发生的事发生吧？换种说法，就像拳击手因为挨了几拳，所以离开拳击台一样。实际上，你可以在没有任何后果的情况下离开拳击台，但放弃追求智慧，有什么好处呢？

因此，面对每一次磨炼，我们每个人应该说什么？这就是我训练的目的，因为这是我的训练！

——爱比克泰德《哲学谈话录》, 3.10.6 – 7

斯多葛哲学家喜欢用拳击和摔跤做比喻，就像今天的我们用棒球和足球做比喻一样。或许是因为古希腊的搏击运动（pankration）——字面上是指“全力”，但是一种更为纯正的混合武术形式，而非今天的“终极格斗冠军赛”（UFC）那样——在古希腊和罗马，是男孩和成年男子必须参加的（事实上，最近对古希腊雕像的分析发现了“花椰菜耳朵”的实例，是一种常见的扭伤）。斯多葛哲学家之所以引用打斗，是因为他们了解打斗。

塞涅卡写道，拳击场上，没有瘀青的选手很弱，容易输，但“不断与倒霉的对手打斗的男人，皮肤会因打斗而越发坚硬”。他说，这种人虽然总被击倒在地，却永不放弃。

爱比克泰德也是这个意思。你属于哪种拳击手呢？被击倒会不会阻止你再次站起，继续战斗的决心呢？

5月22日
今天，就在今天

你值得什么，便得到什么。因为你情愿明天做一个好人，而不愿今天做一个好人。

——马可·奥勒留《沉思录》, 8.22

我不抱怨缺少时间……不管多少，对我来说都够了。今天，就在今天，能够实现未来能谈论的一切。我会围攻众神，撼动世界。

——塞涅卡《美狄亚》(*Medea*), 423－425

几乎每时每刻，我们都知道什么事是对的。知道不应该生气，不应该把事儿看成是冲自己来的，应该走着去健康食品店，而不应大摇大摆地吃快餐，应该坐下后集中注意力一个小时。困难的是，决定在某个特定时刻去做。

阻止我们的是什么？作家史蒂文·普莱斯菲尔德（Steven Pressfield，1943— ）称这种力为“阻力”，他在《艺术之战》(*The War of Art*）中写道：“不要告诉自己：‘我永远不会去写我的交响乐。’而应该说：‘我会去写我的交响乐，明天就开始写。’”

今天，不是明天，就是我们开始成为更好的自己的日子。

5 月 23 日
告诉我如何生活

证明给我看，好的生活不在其长度，而在其使用，告诉我，对一个生命很长的人来说，很有可能，不，是太常见了，他只活了很短的时间。

——塞涅卡《道德书简》, 49.10b

无须向塞涅卡证明，只需向你自己证明。不管最终会活多少年，你的生命会清楚又真诚地告诉你，它长久又完整。我们都认识这样的人：早早地迷失了自己，现在却在寻思，如果我能做到他们的一半，我想我的生活会好些。

做到这点，最好的方式是，此刻把注意力放在对的事情上，放在手头的任务上，无论大小。正如塞涅卡所言，让自己完全地、有意识地投入当下便“温柔了急速飞逝的时间”。

5月24日
创造自己的好运

你说，好运常常在每一个转角处与你相遇。但幸运的人是给自己好运的人。而好运就是调整好的心态、好的冲动和善行。

——马可·奥勒留《沉思录》, 5.36

关于好运，怎样解释更有效呢？一种解释说，好运是由你控制范围之外的完全随机的因素决定的；另一种解释说，好运是可能性的问题，对的决策和对的准备，可以使可能性提高（不过不能保证）。哪一种呢？显然，是后者，这就是成功而神秘的“幸运”人士看似被吸引到好运身边的原因。

有个网站特别好，名叫“引言调查者”（Quote Investigator），根据该网站的内容，好运的概念至少可追溯到16世纪的谚语“勤奋是幸运之母”。现代版本是在20世纪20年代，科尔曼·考克斯（Coleman Cox）曾言：我非常相信运气。我越努力，就越有机会拥有它（说这句话出自托马斯·杰斐逊是不对的，他从未说过类似的话）。今天，我们说“努力遇到机会，就有了运气”，或者通常要反过来说？

今天，你可以希望好福气和好运气神奇地来到你身旁。或者，你可以专注于在对的时间做对的事，以做好迎接好运的准备，同时，具有反讽意味的是，在此过程中，还要当好运通常是多余的。

5 月 25 日
去哪儿寻找快乐

人类的快乐在于适当的人类活动，而适当的人类活动包括：对他人有善行之举，鄙视感官上的刺激，鉴别可靠的已有认知，沉思自然秩序和维持自然秩序的一切。

——马可 · 奥勒留《沉思录》, 8.26

主人牵着一只有缺陷或不开心的狗找到驯狗师时，驯狗师通常先问一个问题："你有没有带它散步？" 之所以这样问，是因为狗就是为某些活动而生的，如工作，这是它们天性的重要部分，一旦被剥夺，就会痛苦，并表现出来。不管有多宠爱它们或生活得多好，都会这样。

人类同样如此。当你听说斯多葛哲学家对某些情绪或锦衣玉食淡漠处之时，不是因为他们不喜欢，不是因为斯多葛的生活就是要丧失幸福或乐趣，只是因为，斯多葛哲学家看重的是帮我们找到人类的本质：体验适当的人类活动带来的快乐。

5月26日
别再操心别人怎么想

> 我们爱自己太容易胜过爱别人，然而却总相信别人的看法而非自己对自己的评价，这点总是让我惊讶……我们把信任大多给了同辈人对我们的看法，却很少给自己对自己的看法！
>
> ——马可·奥勒留《沉思录》，12.4

很快，我们就不再理会自己对某事的感觉，而采纳他人的。商店里有件衬衫自己原本觉得好看，但如果对象或同事漫不经心地说句不好看，就会满脸通红地鄙视它。原本非常幸福地过着自己的日子，然而，直到发现不喜欢的某个人比自己拥有的还多，一切就都变了。原本感觉自己的成就或才华不怎么样，或者很差，甚至差极了，然而，直到得到第三方的认可，一切都变了。

像大多数斯多葛练习一样，今天这条练习试图教给大家，尽管我们控制自己的看法，但控制不了别人怎么想，尤其别人怎么想我们。鉴于此，让自己受那些看法的摆布或试图获得他人的认可，是很危险的做法。

切莫花很长时间想别人怎么想。观察自己的思考，想想这样做是正确的吗？结果、影响是什么？我们的初衷是什么？

5月27日
注重细节

幸福是一小步一小步实现的，但这一过程无小事。

——芝诺，引自第欧根尼·拉尔修《名哲言行录》，7.1.26

著名传记作家第欧根尼·拉尔修认为这句引语出自芝诺之口，但也承认或许苏格拉底也曾说过，意味着这可能是引述的引述的引述。但这并不重要，真理就是真理。

既然这样，真理就是我们深刻理解的东西：由小的事情堆积而成。某人是个好人，不是因为他说自己是好人，而是因为他的善行。一个人无法神奇般地有条有理地行事，这是许许多多个个人选择的结果，关乎准时起床、叠被、不走捷径、投资自己、做该做的事。还要不犯错：虽然一个行动很小，但积少成多就不一样了。

想想今天会展现在你面前的所有小的选择，你知道哪个是正确的，哪个是容易的吗？选择正确的，观察所有这些小事，累积起来，等待改变。

5月28日
做正确的事

第一件事，莫激动。因为每件事皆依照万物本性发生，短时间内，你是个无名小卒，即便是伟大皇帝哈德良和奥古斯都（Augustus），当时也是如此。第二件事，仔细斟酌手头的任务是什么，同时记住你的目标是做个好人。做事要直接听从本性的要求，言谈要依照你认为最公正、最适合的方式，要善良、谦虚和真诚。

——马可 · 奥勒留《沉思录》, 8.5

试想一下，马可身为皇帝，生活必然是什么样子。他会主持元老院，他会带领军队作战，作为最高统帅，指挥军队的大局部署，他还会听取公民、律师、外国政府等的恳求。换句话说，像多数掌权者一样，他负责决策：全天、每天，一个决策接一个决策。

他制定决策的方法是经得起战场考验的方法，能够在实际中执行和运用，这就是我们要试着运用开头引语的原因。

首先，别心烦，因为心烦会给决定蒙上消极的阴影，从而加大它的难度。

其次，记住你最重视的目标和原则。经过这样一个过滤，再做行动，会减少不好的选择，突出正确的选择。

别沮丧。

做正确的事。

就这样。

5 月 29 日
工作是疗伤药

工作滋润高尚的心灵。

——塞涅卡,《道德书简》, 31.5

好几天不去健身馆的感觉，你是知道的，有种软塌塌的感觉。易怒，感到幽闭恐怖，不确定。还有的人，放假太久或刚刚退休，也会有相似的感觉。心灵和身体是为使用而存在的，若不给它们点儿活儿干，就会自己打开开关。

悲哀的是，这种懊丧对很多人来说都是家常便饭。因为工作中并没有投入太多，或者因为手头有大把大把的时间，他们留下太多未实现的潜力。若是试图通过购物、出去玩、打架、寻求刺激来摆脱那种感觉，相当于沉浸在空洞的卡路里世界中，而非寻找真正的营养，那就更糟了。

解决方法很简单，而且，谢天谢地，一直就在身边，那就是：投入工作吧。

5 月 30 日
评估工作效率

我不能因为听说某个人也读也写，甚至通宵熬夜，就说他刻苦勤奋。我得知道他在忙什么，否则没法认为他勤勉……如果他努力的目标是自己的主要原则，一直保持，与自然和谐，始终如一，我才认为他勤勉。

——爱比克泰德《哲学谈话录》, 4.4.41；43

你认识的最忙的人，恰好是工作效率最高的人，这样的概率有多大呢？我们总是把忙碌和优秀联系在一起，以为花很长时间工作就该予以奖励。

正确的做法是，要对你做什么、为什么做、何时完成，做个评估。如果答案不满意，就停下吧。

5 月 31 日
我们只有一种职责

你的使命是什么？做个好人。

——马可 · 奥勒留《沉思录》, 11.5

斯多葛哲学家认为，我们在地球上要做的就是做个好人，这点胜过一切。虽然只是基本职责，然而我们却善于编造各种借口，只为躲避它。

再次引用贝利奇克的话 :“做你该做的事。”

6月

解决问题

6月1日
凡事要留有余地

的确，没人能阻挡你内心的目标，因为那些目标火碰不到，钢铁、暴政、诽谤统统碰不到。

——马可·奥勒留《沉思录》，8.41

障碍是生活的一部分，比如有事发生、有东西挡路、出岔子。但对于斯多葛的内心来说，只要践行得当，就无可阻挡，因为在每一件事的过程中，它都会“留有余地”。

什么是“留有余地”？就是备选项。若遭友人背叛，“留有余地”会总结经验，这事儿是如何发生的，该如何原谅这个人的错误。若遇牢狱之灾，“留有余地”不会让这一连串事故伤害到自己，而是努力去做对狱友有用的人。若因技术故障，稿子一下丢失，“留有余地”会让我们从头开始，且比上次做得更好。进程可以受到阻碍或被打乱，但内心一如既往，因为它保持着改变方向的力量。

做到这点，就要记住事物的普遍走向——墨菲定律说“凡事若会出错，就会出错”，因此，要随时准备“留有余地”，因为我们知道总有可能会用到，没人阻碍得了。

6月2日
柏拉图的视角

> 柏拉图说得真好啊。无论何时，只要你想议论他人，最好的方法就是采取鸟瞰的视角，刹那间，万物尽收眼底：集会、军队、农田、婚姻离合、出生与死亡、嘈杂的法庭或安静的空间、所有异国人、节假日、纪念仪式、市井，万物混杂，对立依存。
>
> ——马可·奥勒留《沉思录》, 7.48

诗人卢西恩（Lucian，125—180）有段漂亮的对白，名为“空中探险”（Icaromenippus, an Aerial Expedition），其中叙述者被赋予飞行的能力，在天空中看到了世界。向东看，他看到了渺小到滑稽的情景，即便是最有钱的人、最大的豪宅，甚至整个帝国都不例外。在这个视角中，一切战争和担忧都微不足道。

在古代，这种练习仅限于理论层面，毕竟站得最高的人不过也是站在山顶或几层楼的楼顶上。但随着技术的进步，人类已实际掌握了鸟瞰的角度，以及比之更大的角度。

美国宇航员埃德加·米切尔（Edgar Mitchell，1930—2016）是从太空看地球的第一批人，他后来回忆道：

“身处太空，你立即生发出一种全球意识：关怀人类、对世界现状强烈不满，以及为之做点什么的强烈想法。站在月球上，国际政治问题根本不值一提。就想一把揪住某个政客的后颈，拖他到几十万米开外，对他说：‘看哪儿！看看你自己！’”

站在柏拉图的视角，很多问题都可以得到解决。

6月3日
灵活一些

他不能服兵役？那就让他去做公职。他必须得在私人区域生活？那就让他做发言人。要惩罚他闭嘴吗？那就让他帮助市民，做个沉默的公共见证人。走进罗马广场很危险？那就让他展示自己，无论在别人家还是公共场合或集会，身份是好伙伴、忠实的朋友，或与人同桌进餐。他丢掉了公民的职责？那就让他练习人类的那些东西。

——塞涅卡《论心灵的宁静》，4.3

林肯死之前不久，美国内战的胜利已牢牢掌握在他手中，他给诸位将军和海军司令讲了一个故事，一个人为了政府高官职位接近他的故事。首先，这个人问自己能否出任外交部部长。遭拒后，他讨要低一点的职位。再次遭拒后，他又讨要职位更低的海关官员，最后发现连那个职位也得不到，就问林肯要一条旧裤子。故事讲到最后，林肯笑着说：“哈，谦逊是有好处的。”

这个故事体现了斯多葛哲学的灵活和果断，若做不到这一点，就试试那一点。若那一点也做不到，可以试试别的。若别的也没可能，总还会有其他的。若一切都没可能，那就做个好人，毕竟我们总有机会践行斯多葛哲学，以此做点贡献。

6月4日
我们就是为此而来

那为何我们会被人冒犯？为何会抱怨？我们就是为此而来的。

——塞涅卡《论天命》(*On Providence*), 5.7b – 8

人人都说生活不易，人人都说生活不公。

但别忘了，祖先们历经难以想象的磨难、困苦和挣扎，世代相袭，经过漫长而未断裂的延续才有了你。此时，你体内的基因、流淌的血液，都源自他们，没有他们，不会有你。

你是令人惊叹的传统财富的承袭人，作为他们养活的后代，你有能力做到他们做到的事。这是命中注定的，要培养这种能力。

若遇难事，谨记这一点。

6月5日
鼻涕要自己擦

我们向万能的神哭诉，如何才能摆脱这种痛苦？傻瓜，你没有双手吗？还是神忘了给你？要么坐好，祈祷鼻涕不要流出来！要么自己擦掉，不要再找人替你擦。

——爱比克泰德《哲学谈话录》，2.16.13

世界是不公平的，比赛有幕后操作。诸如此类，都是你要面对的。或许那些道理听起来很对，但实际说起来，此时此地，对你又有什么好处呢？那篇政府报告又或令人同情的新闻文章，不会为你支付账单，也不会修复你的断腿，更不会去找你需要的过渡性贷款。自艾自怜，念叨“我好命苦”，无济于事，反过来还会耗掉你解决问题所需的精力和积极性。

我们有选择：是老盯着犯错的地方，还是运用所赋予的能力而认真努力？是等别人来救自己，还是听从马可·奥勒留掌握自己命运的呼吁，“若真疼爱自己，就积极自救，而且趁力所能及时赶紧做”，后者比自己擦鼻涕还要好，当然，自己擦鼻涕本身就是向前迈出的一步。

6月6日
何时坚持，何时放弃

想想那些人，太不稳定，无法按照意愿生活，只能按已开始的生活而生活，不是因为反复不定，而是因为缺乏努力。

——塞涅卡《论心灵的宁静》, 2.6b

赛斯·高汀（Seth Godin，1960— ）在其作品《低谷》（*The Dip*）中，对超市内排队的三类人做了个有趣的比较：第一类选择较短的队，不管这个队有多慢或别的队看起来有多快，都自岿然不动。第二类基于自己的想法，为了有可能省几秒，就在队伍之间来回换。第三类只换一次，就是在她明确自己的队很慢，明显该换到另一个队后，就不再换了。高汀是在敦促你自问：你属于哪一类?

同样，塞涅卡也建议我们做第三类，不能因为你已开始一条路，就意味着你必须一条路走到底，尤其当这条路有问题或阻塞不通时。同时，这也不是反复无常或变幻不定的借口。换个方式做事或做出改变，需要勇气，也需要训练和认识，以便明白“哇，这个看似更好”的想法，也是种诱惑，不能无止境地放任自流。

6月7日
寻找对的导师

> 我们喜欢说一个人无法选择父母，这都是偶然，但是，我们能选择想做谁的子弟。
>
> ——塞涅卡《论生命之短暂》, 15.3a

我们非常幸运，史上最伟大的人中，无论男女，都在书籍和日志中记录了自己的智慧（和荒唐事）。还有很多伟大的人，由传记作家——从普鲁塔克到博斯韦尔（Boswell，1740—1795），再到罗伯特·卡洛（Robert Caro，1935— ）——精心记录了他们的生活。一般的图书馆，藏书达几百万页，涵盖了几千年的知识、见解和经验。

或许你的父母只是典型的小人物，又或你缺少一位伟大的导师。然而，若去选择，就能轻易地接近前人的智慧，接近我们渴望成为的那种人的智慧。

我们不仅要为自己着想，去追求这种难以获得的知识，还要为那些花时间记录自己经历的人着想，他们努力传承传统，给后人以追随的足迹，努力成为这些高贵父母的前途有望的子弟。

6月8日
砖要一块一块地垒

你须一步一步地创造生活，若满足于每一步都尽可能完成目标，当然没人能阻止你，但外部会出现某种阻碍！或许吧，但阻挡不了正义、自制和明智的做法。但倘若做法中的某个环节遇阻怎么办呢？愉快地接受这个阻碍，然后转移注意力，转到所给予的东西上去，另一个做法立即就会出现，而这个做法更适合你正在创造的生活。

——马可·奥勒留《沉思录》, 8.32

学院和专业体育的精英运动员，逐步遵循一种哲学，名为“过程”。由美国亚拉巴马大学的教练尼克·萨班（Nick Saban，1951— ）提出，尼克教运动员不要在意大的问题，如重要比赛、赢得冠军、与对方的悬殊差距等，而是要把注意力集中在绝对的小事上——全力以赴地练习，完成指定动作，每次控球都要得分。一个赛季长达数月，一场比赛几个小时，赶超或许就差四个触地得分，但每个动作只要几秒钟，而比赛和赛季都是由秒构成的。

如果团队遵循“过程”，会比较容易赢。队员们克服重重障碍，最终直指冠军，甚至不用直接盯住障碍不放。倘若你在生活中遵循“过程”，以对的顺序组装起对的行动，一个接一个，你也会做得很好。不仅如此，你还会升级装备，快速扫除沿途的障碍。到那时，你会忙着一步一步地向前走，甚至留意不到障碍的存在。

6月9日
问题要及早解决

没有哪种恶习人们不抵御，一开始也都不大且容易干预，但此关一过，麻烦就散播开来。倘若你给它起了头，就再也无法控制它。所有情感一开始都很微弱，之后它自己就会高涨，同时积蓄力量——放缓它易，取代它难。

——塞涅卡《道德书简》, 106.2b－3a

普布里乌斯·西鲁斯（Publilius Syrus，前85—前43）有句隽语提醒世人："江河最易穿过的地方在源头。"塞涅卡也是这个意思。坏习惯、涣散、混乱及垮掉等湍急水流和致命水势——这一切开始的地方不过是涓涓细流，那时，它们是平静的湖泊或水池，甚至是汩汩涌动的地下泉水。

你会怎么做呢，是几周过后几乎在危险的湍流之下溺死，还是在水流平静时穿过？由你自己决定。

6 月 10 日
你能那么做

倘若你发现某件事自己很难去完成，不要因此就觉得它没戏了——因为但凡别人能正常完成的，你也可以轻易做到。

——马可 · 奥勒留《沉思录》，6.19

世上有两种人：一种人看到别人取得了某种成绩，就想：怎么是他们？为什么不是我？另一种人则想：如果他们能，我也能。

一种是“零和的”、嫉妒的（你赢了，我就输了）。另一种是“非零和的”（还有很多事可做），把他人的成功看成一种激励。哪种态度会推动你向上和进步呢？哪种又会让你酸楚又失望呢？

你做何选择？

6月11日
别把事情弄得更糟

相比境遇给我们带来的愤怒和悲伤，愤怒和悲伤的情绪带来的危害更大！

——马可·奥勒留《沉思录》, 11.18.8

“若发现自己身在坑里，就别再挖了”，这恐怕是世上最亵渎常识性智慧的话了。因为当有事发生，或出了差错或遭受打击时，大部分人的所作所为会令情况更糟：起初是生气或委屈，接着四处乱撞，最后才会计划。

今天，给自己布置最简单、最可行的任务：别让情况更糟。无论发生什么，都不要再妄加消极情绪。不要为了反应而反应，不要管它。别再挖坑，计划着走出来。

6月12日
什么脚本都不如训练有素的头脑

如此，你必然会理解说这话会有多可笑："告诉我怎么做！"我能给什么样的建议呢？给不了，但有个好得多的要求："训练头脑，适应环境"……如此，若环境拿走了你的脚本……不用心急火燎地去找新的提醒。

——爱比克泰德《哲学谈话录》, 2.2.20b－1；24b－25a

若有人能准确告诉我们在每个方向该往哪儿走，自然很好。的确，生命中有相当长的时间在做类似的事：为这个准备，为那个学习，为未来的某个任意的时间点存钱或有所期待。但是计划，正如拳王迈克·泰森（Mike Tyson，1966— ）所言，直到拳头打到脸上才失效。

斯多葛哲学家不追求所有问题的答案，也不为所有可能发生的事做计划。但，依然不担心。为什么？因为他们有信心，能够随遇而安，随环境变化而调整和改变。他们不寻找指引，而是培养诸多技能，如创新、独立、自信、聪明才智和解决问题的能力。这样，才不死板，适应力才好，这些我们也可以练习。

今天，专注战略，而非手段。提醒自己，"授人以鱼不如授人以渔"，不要紧盯着脚本，灵活些。

6月13日
生活就是战场

你难道不知生活就像一场战役吗？必须一人负责警戒、一人负责侦察、一人负责前线……对我们来说也这样，每个人的生活都是一种战争，而且是漫长又多变的战争。你必须像战士一样警戒，服从一切命令……你驻扎在关键位置，职位并不低，还不是短期的，是一辈子的。

——爱比克泰德《哲学谈话录》，3.24.31 – 36

作家罗伯特·格林（Robert Greene，1959—　）惯用习语：“生活好比战争。”这句格言值得时刻谨记，因为无论是比喻还是实际，我们的生活就是个战场。作为一个物种，人类在漠不关心我们生存的星球上，努力生存着。作为个人，我们在人口达数十亿的物种中，努力生存着。即便是自己体内，各种细菌也在争个你死我活。Vivere est militare.（要生活，就要战斗。）

今天，你要为自己的目标战斗，与冲动为敌，在生活中努力成为自己想成为的人。那么，赢得这许许多多的战争，必须要有什么样的品行呢？

自律	勇气	无私
刚毅	清醒的头脑	奉献

什么样的品行让你败下阵来呢？

怯懦	混乱	软弱
轻率	自负	自私

6月14日
试试另一个把手

> 每件事都有两个把手，抓着一个能提起来，另一个则提不起来。若你兄弟错怪了你，别抓着他的错误不放，因为这个把手无法把它提起来。反过来，去抓另一个：他是你兄弟，你们一起长大，那么，你就抓住了能提起它的把手。
>
> ——爱比克泰德《指南》，43

美国著名记者威廉·西布鲁克（William Seabrook，1884—1945）曾经酗酒，令他极度虚弱，1933年自行进入疯人院，当时疯人院是唯一治疗酒瘾的地方。在回忆录《疯人院》（*Asylum*）中，他讲述了在那儿挣扎着改变生活轨迹的故事。起初，他还是坚持酗酒的看法，这样一来，他就像个外人，不断惹麻烦，冲撞工作人员，几乎一点进步都没有，到了要被赶走的地步。

有一天，就是爱比克泰德这句话（关于凡事都有两个把手的句子），突然涌现在脑海。他后来回忆说："现在我抓住了另一个把手，继续走下去。"他就真的开启了快乐的时光，全身心地投入到恢复之中。"我突然发现清醒过来那么神奇、奇怪又美妙……那感觉就像是扯下了所有能看到、能听到的东西的面纱，或泡沫，或底片。"许多上瘾人士都有过这种经历，他们最终告别过去的生活，真正敞开心扉，面对那些过来人的看法、智慧和经验。

没人能保证，试着去抓不同的把手，能给你带来了不起的结果。但是，你之前抓的把手既然没什么用，为什么不松手呢？

6月15日
听，胜于说

芝诺对信口开河的少年说，“我们之所以有两只耳朵一张嘴，是为了多听少说。”

——第欧根尼·拉尔修《名哲言行录》, 7.1.23

诗人赫西奥德说：“最好的财富是少用舌头。”罗伯特·格林视此句为权力法则：少言。

说话是因为我们以为说话有用，但其实对我们不利。若对象在发泄，你想告诉他/她该怎么做，实际上，他/她只是想让你倾听。换个情境，世界正试图给你反馈或意见，而你却试图费舌劳唇地解决问题，那只能让问题更糟。

因此，今天，你是要做问题的一部分，还是解决方式的一部分？你是要倾听世界的智慧，还是在噪声中迷失？

6 月 16 日
需要帮助，不丢人

不要因需要帮助而感到羞耻，你有任务要完成，就像攻打城墙的士兵一样。若身上有伤，没有其他士兵的帮助爬不上去，你会怎么样呢？

——马可 · 奥勒留《沉思录》, 7.27

从不曾有人说过，你生来就带着生活所需的所有工具，以解决今后生活中遇到的所有问题。事实上，作为新生儿，你几乎没有任何自理能力。那时，有人帮你，你开始明白，你可以请求那种帮助，你也是这样知道自己有人爱。

现在，依然有人爱你，你可以向任何人寻求帮助，不用什么事都自己面对。

你若需要帮助，只管问就好。

6 月 17 日
进攻还是防守

命运之手不似我们想象般能伸那么长，她只围攻对她紧抓不放的人。因此，尽可能后退，越远越好。

——塞涅卡《道德书简》, 82.5b－6

据说马基雅维利（Machiavelli, 1469—1527）很钦佩塞涅卡，他在《王子》（*The Prince*）一书中写道："命运如同女人，要压制她，就必须得揍她，跟她打架。"即便是在16世纪，这种比喻也够吓人的。但对于残酷无情又狼子野心的人来说，倒是意料之中。这种下流无耻的生活方式，你是否追求呢?

现在，拿这个观点与塞涅卡的观点做个对比。塞涅卡不仅认为，你越是与命运斗争，你在它面前就越柔弱，他还认为，通往安全的较佳道路是哲学"无法攻克的城墙"。他说，"哲学"帮我们"驯服贪欲之癫狂，压制恐惧之暴怒"。

无论体育比赛还是战争，这个比喻都是要你在两个策略之间做出选择：无休无止、筋疲力尽的进攻，还是弹性、灵活的防卫。你做何选择? 你是哪一种人?

只有你能回答这个问题。但你若不考虑马基雅维利书中大多数王子的最终结局（临死前很幸福、有爱的人绕床的王子少得可怜），那就是你的疏忽了。

6月18日
做好准备，积极应对

> 让命运发现我们做好了准备，积极应对。伟大的灵魂便是如此：向命运投降。与之相反的人则很脆弱、堕落，与世界秩序斗争，小瞧于它，试图纠正神祇之错，而非自己之错。
>
> ——塞涅卡《道德书简》, 107.12

今天无论发生什么，都要让人知道你做好了准备，会积极应对：准备好迎接问题、困难，准备好面对行事令人失望或困惑的人，准备好接受坏事并为己所用。不要奢望时间倒流，或按自己的意愿重造宇宙。改造自己，远胜于它，也容易得多。

6月19日
专注于当下

切勿让自己对整个生命的反思压垮自己，切勿满脑子都是有可能还会发生的坏事。专注于当下的情境，问自己：为何难以忍受，为何不能幸免？

——马可·奥勒留《沉思录》, 8.36

你回头看看曾做过或曾忍受过的某些印象最深刻，甚至最可怕的事，那些事是怎么发生的？你又怎么能看穿危险和不幸之事？正如马可所言，你太过忙于与琐碎周旋，令整个形势压垮你。事实上，或许当时你根本就没思考过。

恰克·帕拉尼克（Chuck Palahniuk，1962—　）的小说《摇篮曲》（*Lullaby*）中有个人物说："忘记全局的诀窍是近距离地看一切。"有时，掌握全局很重要，斯多葛哲学家曾在这方面对人们有所帮助。然而，很多时候，考虑即将来临的一切反而适得其反，令人不知所措。因此，专注于当下，我们就能从视野范围内避开或移除那些吓人或消极的想法。

走钢丝的人，努力不去想自己所在的高度。击不败的团队，努力不去想完美连胜的事。他们的明智之举是，一步一个脚印，只考虑此刻这一步和下一步。

6月20日
冷静是会传染的

如果那时来到你面前的东西，不是你所追求或逃避的，而是说，在某种意义上你要把它们搞清楚，至少努力对其有个稳定的判断，这样，它们也会保持平静，而你看起来也不会是在追求或逃避它们。

——马可 · 奥勒留《沉思录》, 11.11

美国海豹突击队有句人人皆知的准则，混乱中甚至是“战争迷雾”之中，这句忠告都经得起战场的考验：“冷静是会传染的。”

尤其是领导者（无论男女）的冷静。如果人们开始丧失理智，如果团队不确定接下来做什么，领导人可做一件事：灌输冷静——不是强迫为之，而是示范。

这才是你想成为的人，无论你从事什么行业，无论情况如何，都漫不经心、放松自在的人，由他/她告诉其他人深呼吸，别着急。因为你已掌握这点，别去煽动他人，不要偏执、担忧或丧失理性。做冷静之人。

一切就会明朗起来。

6月21日
去散散步

应该去户外散散步，这样可以给头脑补充营养，户外空气和深呼吸能使人头脑清醒。

——塞涅卡《论心灵的宁静》, 17.8

生活在像罗马一样嘈杂、令人生厌的城市中，很难保持内心平和和安宁。车马的喧嚣，商贩的叫嚷，铁匠铺的敲打——刺耳的噪声充斥在街道的角角落落（更不用说脏乱差的污水和垃圾发出的恶臭）。因此，哲学家常常出去走走，去需要去的地方，清醒头脑，呼吸新鲜空气。

古往今来，哲学家、作家、诗人和思想家发现，散步还有个额外的好处——更好地工作的时间和空间。正如尼采所言："只有散步时获得的灵感才有价值。"

今天，让自己也去散散步。今后，压力大或受打击时，去散散步。遇到难题不好解决或不好做决定时，去散散步。想要创造力，去散散步。需要新鲜空气，去散散步。要打电话了，去散散步。需要锻炼，散步时间长一些。要开会了或有朋友来了，一起去散散步。

给自己和头脑补充营养，一路走，一路解决问题。

6 月 22 日
什么是顽固不化

如果你被击败一次，告诉自己你会克服，但依然照旧行事，最终你会明白，你会病得不轻，非常虚弱，以致最后发现不了自己的错误，开始为自己的行事找理由。

——爱比克泰德《哲学谈话录》, 2.18.31

有人说，顽固不化就是一遍遍地重复做事却期待有个不同的结果。然而，大部分人正是如此。这些人告诉自己：今天，我不会生气。今天，我不会吃撑。但实际上依旧不变，他们试图照旧行事却希望这次管用，希望不是策略。

失败是生活的一部分，我们没有选择。但另一方面，从失败中学习是可以选择的。我们必须选择学习，必须有意识地改变做事方式，不断调整和改变，直到真正得到追求的结果。但，并不容易。

坚持同样不成功的做法很简单，不需思考，不需额外努力，所以大部分人都这么做。

6月23日
长路漫漫

你走了漫长的道路，才得到心心念念的一切，你可以享受此刻——若你不再弄丢它们的话。

——马可 · 奥勒留《沉思录》, 12.1

问问大部分人都在为什么忙，你会得到类似这样的答案："我在努力成为……"或者，他们会说正努力加入某个了不起的委员会或得到某个职位、成为百万富翁、被人发现、出名，等等。接下来，你再问几个问题，诸如"你为什么做这个"或"你得到××之后希望它成为什么样子"，你会发现，核心问题是人们都想要自由、幸福和同辈人的尊重。

面对人们为追求这些简单又直接获得的东西时所投入的巨大努力和成本，一位斯多葛哲学家摇了摇头。就像是我们宁愿花数年创造一个复杂的"鲁布 · 戈德堡"（Rube Goldberg，代指复杂精巧的机器——译者注）机器，也不愿直接伸出手拿到想要的东西。就像是找眼镜，四处都找遍了才发现它原来一直都在头上。

自由？很简单，就在你的选择中。

幸福？很简单，就在你的选择中。

同辈人的尊重？同样在你做的选择中。

所有这一切，就在你面前，不需长途跋涉。

6月24日
真正有教养的人不喜欢争吵

美好的人既不与人争斗，也在自己的能力范围内不许别人争斗……这就是受教育的意义：学习何事是己事，何事非己事。若一个人也如此影响别人，还有争斗的空间吗？

——爱比克泰德《哲学谈话录》，4.5.1；7b－8a

众所周知，苏格拉底曾周游雅典，走到与自己意见最相左的人面前，与之长时间地讨论。在这些讨论中，或者说有记录的讨论中，许多交谈对象因他的很多问题而恼火、心烦意乱或恼羞成怒。的确，雅典人民最后都心烦意乱了，于是处死了苏格拉底。

但苏格拉底自己似乎从未不安，即便讨论生死问题，他也总是很冷静。他感兴趣的地方不在于确保别人听到他说的话（像我们大部分人固执的那样：赢得争论），而是别人不得不说什么。

下次你再面对政治纠纷或个人不同意见时，问问自己：为这个打一架值得吗？争吵有利于解决问题吗？一个有教养的人或智者真的像你最初想要的那样喜欢争吵吗？又或是会深呼吸、放松，克制想要打架的冲动？如果你能克服打架和赢得每件小事的需求，想想你会得到什么就好了，而且你会感觉更舒服。

6月25日
智者没有“问题”

这就是为何我们说与他们的期待相反，智者什么事儿都不会发生。

——塞涅卡《论心灵的宁静》，13.3b

为什么与我们这些人比起来，智者的问题那么少呢？原因有几个，很简单。

第一，智者好像尽可能地控制期待。首先他们很少期待不可能的事。

第二，智者总是考虑最好和最差的情况。他们不仅思考希望发生的事，还思考若事情突然转向，实际上会发生什么。

第三，智者留有余地，意思是，不仅考虑什么可能出错，还要为希望发生而真实发生的事做好准备，而这恰是检验优秀和美德的机会。

如果今天按此行事，你也会发现，万事不会使你失落。

6 月 26 日
试试反着来

与习惯相抗时，我们能找到什么援助呢？试试反着来！

——爱比克泰德《哲学谈话录》，1.27.4

维克多·弗兰克尔（Viktor Frankl，1905—1997），杰出的心理学家，纳粹大屠杀的幸存者，用他称作“矛盾意向”的疗法，救助患有恐惧症和神经症习惯的人。比方说，有位患者无法入睡。标准疗法可能比较明显，如放松方法。但弗兰克尔刚好相反，他鼓励患者努力别打瞌睡。他发现，转移问题的中心，便让患者转移了强迫的关注点，最终让患者正常睡眠。

美剧《宋飞正传》（*Seinfeld*）的粉丝或许记得有一集叫“对立面”（The Opposite），节目中乔治·科斯坦萨（George Costanza）通过做平常所做之事的相反面，神奇地改善了生活。杰瑞对他说：“若你的每个直觉都是错的，其对立面就一定是对的。”更重要的是，有时我们的直觉或习惯深陷在一个恶性模式中，推着我们离自然、健康的自己越来越远。

此刻，你不应立即把生活中的诸事抛开，有些事还是很有用的，比如你正在阅读本书。但也可以探索一下诸事的对立面，你若打破那个恶性模式，会怎么样呢？

6 月 27 日
逆境见真实

> 我的丈夫啊，抱怨只能加重不幸，有什么用呢？这对国王正合适——正面去摸老虎的头。处境越是危险，丢失权位就越快，奋起作战的决心就越坚定。面对逆境就退兵，不是大丈夫所为。
>
> ——塞涅卡《俄狄浦斯》(*Oedipus*), 80

美国嘉信理财（Charles Schwab）首席执行官沃尔特 · 贝廷格（Walt Bettinger）每年聘用数百人，面试的人自然更多。在他一生中，我们敢打包票地说，当他把聘用的人录用时，会有命中、错失和惊喜之分。不过想想他年老后采取的一个策略：带应聘人员去吃早餐，要求餐厅老板故意搞乱应聘者的早餐。

他想看看他们做何反应，是否生气？是否粗鲁？是否会让这点小事破坏了会面？是否会得体、善良地解决所造成的不便？

你如何处理即便很小的倒霉事儿，或许看起来没什么，但实际上，它揭示出了一切。

6 月 28 日
任何自虐都要不得

哲学提倡简单的生活，而非苦修，不过粗陋的生活，也可以简单。

——塞涅卡《道德书简》, 5.5

马可的沉思充满了自我批评，其他斯多葛哲学家的文字也是如此。但重要的是记住：那是就其本身而言。没有自我鞭挞，没有花钱赎罪，没有因内疚或自我讨厌而产生的自尊问题。你从未听他们自称是一文不值的东西，也从不曾把挨饿或自残作为惩罚，他们的自我批评是有助益的。

痛斥自己、过度贬低自己、惩罚自己，这都是自我鞭挞，不是自我提高。

对自己不需要过于苛刻，让自己坚持更高的标准，但不是不实际的标准。如果出了错，要原谅自己。

6 月 29 日
没有借口

你可以控制自己的傲慢，战胜享乐和痛苦，克服野心，不与愚蠢和忘恩负义的人动气，没错，甚至还要关心他们。

——马可 · 奥勒留《沉思录》, 8.8

“我生来就这样”“我从未学过不一样的东西”“我的父母没给我做个好榜样”“别人都这样”。这些是什么？借口，人们用以证明保持现状合理、不需努力变得更好的借口。

当然，我们可以控制自己的傲慢、控制怒气，做一个关爱他人的人。你觉得别人会怎么做呢？诚然，他们的父母不完美：从母体内出来时未曾与自我意识割裂，也未曾对诱惑形成免疫力。但他们为之努力。视其为要事。应对它就像应对其他任何问题：专心致志寻找解决方法，逐步推进，直到成功。

他们最终成就自己，正如你能做到一样。

6 月 30 日
阻碍即道路

> 虽然的确有人能阻止我们做事，但阻止不了我们的志向和态度，而志向和态度具有随机应变的力量。任何阻碍都会被心灵一变而成为助力，我们途中的阻碍反倒可以使前进之路更加平坦。
>
> ——马可 · 奥勒留《沉思录》, 5.20

今天会发生与你的计划相左的事，即便今天不会，明天也一定会。由于这些障碍，你无法实现计划。但事情并非看起来那么糟，因为你的头脑非常灵活，适应能力强。你拥有践行斯多葛哲学的力量，也就是把障碍颠倒过来，把不好的境遇看作机遇，训练非刻意为之的美德或卓越。

若受到阻挡，无法准时到达目的地，就当作训练耐心的机会。

若员工犯了大错，就当作教他学习珍贵教训的机会。

若因电脑故障丢失了文本，就当作从头再来的机会。

若有人伤害你，就当作练习原谅的机会。

若有件事很难，就当作是让自己更强大的机会。

试试这一系列思考方式，看看是否存在一种情况，在这种情况下，一个人找不到可以践行的美德，或者得不到好处。这种情况是不存在的，每个障碍都能以不同的方式促进行动。

7月

职责

7月1日
做你该做的事

> 不管别人做什么或说什么，于我而言，我一定做好事。同样的道理，祖母绿、金色或紫色兴许总在向世人宣告：“无论别人做什么或说什么，我必须是我的样子，并展现我真正的颜色。”
>
> ——马可 · 奥勒留《沉思录》, 7.15

斯多葛哲学家认为，每一个人、动物和事物都在自然界有一定的目的或地位。即便是远在古希腊和古罗马时代，他们也模糊地认识到世界是由数百万个微小的原子组成的。正是基于这种思想，这种相互关联的宇宙观支撑着他们的观念，即每个人和每个行为都是更大系统的一部分。每个人都有任务，即特定的职责。即使是做坏事的人，也是在执行邪恶的职责，因为邪恶也是生活的一部分。

这个体系最关键的部分是一种信念，就是作为追寻斯多葛哲学的学生，你有最重要的工作：就是做好事！做一个明智的人，“成为斯多葛哲学想要塑造的人”。

今天，做你该做的事。无论发生什么，无论其他人做什么，做你自己的，做好事。

7月2日
关于职责和环境

不管你是冷还是热，是昏昏沉沉还是休息充分，是遭诋毁还是被表扬，甚至面临死亡或受其他命令的逼迫，永远都不要推卸自己的职责。即便死亡也是生命中的一项重要任务，对它也像对万事万物一样，尽己所能，充分利用你的资源，完成手头的任务。

——马可·奥勒留《沉思录》, 6.2

这会让我致富吗？人们会留下深刻印象吗？我需要尝试的难度有多大？这需要花费多长时间？它对我来说到底是什么？我是否应该做另一件事情代替它呢？这些都是我们在一天的机遇和职责中问自己的问题。

马可·奥勒留，像拥有行政权力的人一样，承担了很多职责。审理案件、听取申诉、遣兵出战、任命官员、批准预算等，很多事情都取决于他的选择和行动。这件事他该做吗，那件事他该做吗？这个问题、那个问题到底是什么？他什么时候可以享受生活？上面的简单提醒，是一刀斩断“戈尔迪乌姆之结”（Gordian knot，古代西方传说中一个解不开的结，神谕说谁能解开此结，就能成为亚细亚之王，后被亚历山大一刀斩断——译者注）的方法，即解决诸如如何激励他人、抱怨、恐惧和利益冲突等难题的方法。

这是我们决定人生的每个阶段该做什么的方法。道德或许是复杂的，但对的事通常是清晰且直观的，内心足以感受到。我们的职责很容易，但非常重要，通常是必要的选择。

7月3日
从“不得不做”变成“想要做”

哲学家的任务是：我们应使意志与发生的事情保持和谐，如此，就不会有违背意志的事情发生，也不会有希望发生却没有发生的情况。

——爱比克泰德《哲学谈话录》，2.14.7

一张“待办事项”清单，看似有些让人望而生畏、难以承担：所有这些事情我们必须在一天或一周内完成。但，一张“想做事项”清单，听起来则像是一种特权：所有令我们感到兴奋的事情，都有机会去体验一番。这不仅仅是文字游戏，还是斯多葛哲学世界观的核心方面。

今天，不要试图将你的意志强加于世界。反过来，要把自己看作是幸运的，可以接受并回应世界上的意愿。

堵在路上？趁着几分钟美妙的时间坐下来，放松一下。你的汽车空转很久后抛锚了吗？啊，这是多好的享受散步的机会啊。走路的时候，一个手机在手、不专心开车的白痴司机急转弯时差点撞到你，还溅了你一身泥水？这就提醒我们，我们的生存是多么危险，为诸如迟到或通勤等类似的小事而烦恼，是多么愚蠢！

撇开玩笑不谈，把生活看成是你“不得不做”的事和“想要做”的事，似乎并没有太大差异，但其实两者有着天壤之别。

7月4日
守护内心的圣火

> 无论你做什么，都要保护自己的良知，并且就其他事情而言，你要尽可能合理地利用别人给你的东西。如果不这样，就会倒霉，容易失败，受到阻挠和妨碍。
>
> ——爱比克泰德《哲学谈话录》, 4.3.11

你内心的善良就像一团小小的火焰，你就是它的守护者。今天，以及每一天，你都要确保它有足够的燃料，不会阻塞不通或被人吹灭。

跟你一样，每个人都有自己的火焰，并对其负责。如果大家的火焰都灭了，世界会一团漆黑，这是你无法控制的。但只要你的火焰还闪烁着，世界就会有一些光亮。

7月5日
做起来并不容易

好人会做自己理解的高尚之事，即便需要付出很多努力，即便会给他们造成伤害，即便会带来危险。同样，好人不做卑鄙之事，即便会给自己带来财富、快乐或权力。没有什么能阻止好人去做高尚之事，也没有什么能引诱好人去做卑鄙之事。

——塞涅卡《道德书简》, 76.18

如果做好事容易，每个人都会做好事（如果做坏事不诱人或没有吸引力，就没有人会做坏事），你的职责也是如此。如果人人都能做，你的职责就分配给了别人。但没有，分给了你。

幸运的是，你跟别人不一样。你不怕困难，你能抵抗表面上诱人的奖励，不是吗?

7月6日
崛起与闪耀

清晨，每当起床困难的时候，想想：我正在醒来，要去做人类的工作了。既然如此，我为什么要为我生来就该做的事而烦恼呢？还是说我生来就是为了依偎在被窝儿里取暖？被窝儿里太惬意了。那么，你是为了惬意而生的吗？简言之，是娇生惯养还是努力工作？

——马可 · 奥勒留《沉思录》, 5.1

令人欣慰的是，即使在两千年前，我们这位罗马皇帝（据说他有点儿失眠），为了唤起每天清晨扔掉毯子起床的意志力，也在给自己说鼓舞士气的话。从我们第一次上学到退休，都面临着同样的困境。闭上眼睛再贪睡一会儿更好，但不能这样做。

因为我们有事要做，不仅有自己献身的使命，而且还有斯多葛哲学家所说的更伟大的事业：更伟大的善。如果我们不早点起床，就不能为自己、为他人、为世界服务。起床，越早越好。所以来吧，冲个澡，喝杯咖啡，开始工作吧。

7月7日
学习是我们的职责

这就是你应该教给我的，如何像奥德修斯（Odysseus，出自《荷马史诗》的《奥德赛》，讲述奥德修斯在特洛伊战争取胜后及返航途中的历险故事——译者注）那样去爱国、爱妻子、爱父亲，即使遭遇了海难，我也要继续朝着伟大的目标航行。

——塞涅卡《道德书简》, 88.7b

许多老师把《奥德赛》（*The Odyssey*）教错了。老师们教日期，争论荷马是否真是其作者，是不是瞎子，解释口口相传的传统方式，告诉学生独眼巨人是什么样的或者特洛伊木马是如何运作的。

塞涅卡给那些学习古典文学的人的建议是：把这些全部忘掉。日期、名称、地点等都无关紧要，重要的是品德。倘若你忘记《奥德赛》中的内容细节，但理解了坚持不懈的重要性，傲慢的危险，诱惑和分心的风险，那你真的学到了一些东西。

我们不是要在考试中取得好成绩，也不是要给老师留下好印象。阅读和学习是为了生活，成为善良的人。

7月8日
别再胡闹了

受够了这种悲惨、哀怨的生活，别再胡闹了！你为什么烦恼？这里有什么不同吗？有什么好混淆的？一个人负责吗？好好看看。或者仅仅是事情本身？然后再看看那个，没有别的可看的了。就众神而言，如今，你可以尝试更直接和善良一些。不管你研究这些东西已有一百年，还是只有三年，结果都是一样的。

——马可·奥勒留《沉思录》，9.37

美国小说家、传记作家、散文家琼·蒂蒂安（Joan Didion，1934—2021）在她最好的一篇文章中写道："品行，即愿意为自己的生活承担责任，是自尊的源泉。"

马可敦促我们，不要浪费时间去抱怨失去的东西或者发牢骚说事情是如何解决的，必须停止胡闹的行为，并主宰自己的生活。品行是可以发展成熟的，当它成熟的时候，自尊就会随之而来。但这意味着，要开始认真对待它。不是在以后，不是在某些问题得到解答或专门处理之后，而是现在，马上。承担责任是第一步。

没有这种品行是所有命运中最糟糕的事，正如蒂蒂安在《谈自尊》（*On Self-Respect*）中所说："没有自尊的生活，就是在某个晚上醒来，伸手够不着温暖的牛奶以及苯巴比妥米那（镇静安眠剂），抓不到被单上温暖的手，数着犯下的疏忽和罪过，信任被出卖，诺言遭违背，天赋也不可挽回地被懒惰、懦弱或粗心所浪费。"

与之相比，你好太多了。

7月9日
哲学家国王

因为我相信一个好国王从一开始就是哲学家，而哲学家从一开始就是国王般高贵的人物。

——墨索尼亚斯 · 鲁弗斯《讲课》, 8.33.32 – 34

以色列将军赫兹尔 · 哈勒维（Herzl Halevi）认为，在他作为领导者和战士的角色中，哲学至关重要，他说 :“人们过去常常告诉我，企业管理是为了实际生活，而哲学是为了精神生活。多年来我发现这恰恰相反，我把哲学运用得更加实际了。”战争和领导力提供了太多没有尽头的道德抉择，而这需要优先考虑、平衡和清晰的头脑，这就是哲学的作用。

柏拉图在设想一个哲学家国王统治乌托邦时，他就知道了这一点。他在《理想国》(*The Republic*）中说 :“要么哲学家要成为国王，要么现在被称作国王的人真正、充分地研究哲学。”马可 · 奥勒留是名副其实的哲学家国王。

那跟你有什么关系？现在，国王的数量越来越少了，但我们都以这样或那样的方式成为领导者，如一家之主、公司老板、小组组长、主持人、朋友圈的领头人物、主管自我，等等。正是对哲学的研究，培养了我们的理性和品德，能够很好地完成工作。不能忽略它，太多人正指望我们正确运用它呢。

7月10日
热爱谦卑的艺术

热爱你所学的谦卑艺术，并在其中休养生息。余生里，你要像一个全心全意把所有财产都托付给神灵的人一样，既不做暴君，也不做任何人的奴隶。

——马可·奥勒留《沉思录》，4.31

在纽约或洛杉矶，随便找个周末的晚上，只要去一家喜剧俱乐部，你很可能会发现一些世界上最伟大、商业上最成功的喜剧演员在那里，正在为一小部分人表演。虽然他们拍电影或到处演出赚了大钱，但却在那里练习最基本的艺术形式。

他们中，你随便找个人问问：“你为什么做这个？你为什么还表演？”答案通常是：“因为我擅长，因为我喜欢，因为我想变得更好，因为我是在与观众交流中成长起来的，因为我放弃不了。”

对他们来说，凌晨1点在卡罗莱纳或喜剧俱乐部登台演出是不合适的，但是振奋人心的。他们不必这样做，没人强迫他们，但他们选择这么做。

无论你从事什么谦卑的艺术：你确定你在为它挤时间吗？你足够热爱你所做的并为此挤出足够的时间吗？你相信如果付出努力，剩下的就会自己发展好吗？因为它会。热爱手艺，要有匠人精神。

7月11日
建设你自己

但苏格拉底说了什么呢?“正如一个人喜欢修葺农场，另一个人喜欢装饰马，我也很乐意每天都使自己取得进步。”

——爱比克泰德《哲学谈话录》, 3.5.14

如今正流行自己创办公司，做一名企业家。毫无疑问，白手起家创建公司，可以说是一项非常值得的追求。这就是为什么人们一生都在这样做，数不清的时间里都在忙活，还承担着数不清的风险。

但是，难道我们不应该像投资任何一家公司一样，投资建设自己吗?

就像创办企业一样，我们从一个想法开始：自己孵化出来后，放到一个发展缓慢的环境中。然后，随着时间的推移，我们积累了合作伙伴、员工、客户、投资者和财富。对待自己的生命真像对待企业理念一样陌生吗? 哪个问题关乎生死呢?

7月12日
一些简单的准则

行动中，不要拖延。谈话时，要讲清楚。思想中，不要恍惚。灵魂里，不要消极或咄咄逼人。生活中，不要只关注生意。

——马可·奥勒留《沉思录》，8.51

简单，并不容易。但现在，你有了这些准则，把它们当作职责付诸实践，从你要做的第一件事开始，从你的第一次谈话开始，从你的灵魂开始，当然，还有从你为自己创造的生活开始。不只是今天，而是每一天。写在黑板上，不要忘了。

7月13日
帮助别人

> 第一类人，一旦对别人好，就会立刻期待对方回报。第二类人，不期待对方那么快回报，但会把对他的这份人情记在心里，想着他得还。第三类人，对别人好，像是没有意识到，感觉就像葡萄藤结了葡萄，不会再有别的要求，或像一匹马跑完比赛，一条狗陪主人散完步，一只蜜蜂默默酿完蜜一样。这样的人，做了一件好事，不会在屋顶上大喊大叫，而只是继续做下一件事情，就像葡萄树在对的季节结出了另一串葡萄一样自然。
>
> ——马可·奥勒留《沉思录》, 5.6

你有没有听别人复述过你的想法，就像是他们自己的想法一样？你有没有注意到某个弟弟或妹妹或亲戚模仿你的行为，也许是你的穿着打扮或听的音乐？或许你搬到了一个新社区，一群赶时髦的人还在追随你。在我们年轻且缺乏经验时，对这些可能会做出消极的反应。别再抄袭我了！我先这么做的！

随着日益成熟，开始以不同的眼光看待他们。我们理解了，改进和帮助别人，是领导者为世界提供的服务。事无大小，这是我们的职责。如果想要成为领导者，必须看到做这类事会伴随着徒劳无益的服务。必须做领导者所做的，因为这是领导者应该做的，不是为了荣誉，不是为了感谢，也不是为了认可，而是责任。

7月14日
一知半解是危险的

对初学者来说，每一个强大的力量都是危险的。你必须尽可能地运用它们，但要与自然和谐相处。

——爱比克泰德《哲学谈话录》, 3.13.20

优秀的老师通常对有望成功的学生最为严厉，教师发现学生的潜力时，希望学生的这份潜力完全开发出来。但是优秀的老师也知道，若不管这样的学生，他天生的能力和快速的理解，反而是非常有害的。过早取得成绩，会导致过度自信，养成坏习惯。有些学东西很快的人，跳读了基本课程，忽视了基本知识的学习。

不要得意忘形，慢慢来吧，谦逊地练习。

7 月 15 日
做对的事情就够了

> 当你做得很好而别人也从中受益时，为什么要像个傻瓜一样冠上加冠呢，也就是指望别人称赞你的善行或回报你的恩惠呢？
>
> ——马可 · 奥勒留《沉思录》, 7.73

“你为什么做了对的事情”，这个问题的答案应该始终是“因为这么做是对的”。毕竟，当你听到或看到另一个人这样做的时候，尤其是当他们可能因为做了对的事情而承受了艰难困苦时，你难道不认为，本该这样吗？

既然如此，那你做对的事，为什么要别人的感谢和认可呢？这就是你该做的。

7月16日
灵魂的进步

我的灵魂献身于什么事业？不断地问自己这个问题，并通过观察自己如何与所谓的主要原则联系起来，彻底审视自己，我现在拥有何等人一样的灵魂呢？

是一个婴孩的灵魂么？是一个青年人的灵魂么？是一个女人的灵魂么？是一个暴君的灵魂么？是一个野兽的灵魂么？

——马可·奥勒留《沉思录》，5.11

你致力于什么呢？什么原因，什么使命，什么目的？你在做什么？更重要的是，你为什么要这样做？某种程度上说，你每天做的事如何反映出你所声称的关心的价值观？你是以一种与你所珍视的东西相一致的方式行事，还是在徘徊，对野心之外的任何事都无动于衷？

当你审视这些问题时，或许答案会让你不舒服。非常好，这意味着你已经迈出了纠正自己行为的第一步。这也意味着，你离发现你的职责呼唤你在生命中该做什么更近了。一旦你发现了它，你就离实现它更近了一步。

7月17日
不要放弃别人，也别放弃自己

当你沿着理性的道路前进时，有人会挡你的去路。但他们永远不能阻止你做对的事，所以不要让他们破坏你对他们的善意。在这两个方面都要保持警惕，不仅要有充分的判断和行动，而且要温和地对待那些阻碍我们前进或制造困难的人。因为生气也是一种弱点，就像放弃做事或在恐慌中投降一样。因为做任何一件事都等同于抛弃，一种是退缩，另一种是疏远家人和朋友。

——马可·奥勒留《沉思录》, 11.9

当我们开始在生活中取得进步时，会遭遇周围人的限制，就像节食一样。周围人都在吃不健康的食物，会产生一种自然的一致性。但有一个人开始健康饮食，突然间就出现了相反的计划。比如，此时关于去哪儿吃饭就吵了起来。

或许，别人对你的新路途有不同意见，但正如你不会因此放弃新路途一样，也不要放弃他们，不要简单地将其一笔勾销或弃之不顾。不要生气，也不要和他们吵架。毕竟，不久前，你还跟他们在同一艘船上。

7月18日
你的领地，你说了算

我的理性选择之于邻居的理性选择，就像之于他的呼吸和身体一样，是无关紧要的。无论为相处付出了多少，我们每个人的主导理性都是做好自己的事。如果不这样，别人身上的邪恶就会成为我的伤害，而上帝并不想让别人来控制我的不幸。

——马可·奥勒留《沉思录》, 8.56

一个自由国家的基础是：你有挥拳头的自由，但不要碰到别人的鼻子。也就是说，别人可以自由地做喜欢的事情，但不能侵犯你的身体和空间。这句话也可以当作是一条伟大的个人哲学。

但是这样的生活方式，需要两个重要的假设：首先，你应该过自己的生活，这样才不会给别人带来负面影响。其次，你必须心胸开阔，接受足够多的东西，让别人也这样做。

你能做到吗？即使你真的、真的不赞同他们的选择呢？你能理解别人的生活是别人的事情，而你的生活是你自己的事情吗？你有足够的时间全力以赴且不打扰别人吗？

7 月 19 日
不知者不怪罪

正如柏拉图所说，每个灵魂都会迫不得已地接触不到真理。同样，也接触不到正义、自我控制、对他人的善意以及所有类似美德的权利。你必须时刻记住这一点，因为这会让你对所有人温和相待。

——马可 · 奥勒留《沉思录》, 7.63

当耶稣穿过维亚多勒罗沙（Via Dolorosa）的加略山（Calvary Hill）的山顶时，他（或者像塞涅卡和其他同时代的罗马人所熟知的救世主一样）遭受了巨大的痛苦。他遭受毒打、鞭笞、刺伤，被逼忍受苦难，还被钉在十字架上，身边挨着两名普通罪犯。当时，他看着士兵们掷色子，看谁能拿到他的衣服，听着人们的嘲笑和奚落。

无论你信仰何种宗教，当耶稣遭受人类无法想象的痛苦时，他接下来所说的话会使你的脊椎发凉。耶稣举目眺望远方，轻轻地说："父啊，原谅他们，因为他们不知道自己在做什么。"

这是柏拉图在几个世纪前说过的真理，也是耶稣死了近两个世纪后马可说过的真理；马可统治时期，有的基督徒被罗马人残忍地处死时，一定也说过这样的话：原谅他们，因为他们没有接触到真理。

运用这一认知，使自己变得温文尔雅、谦和礼貌。

7月20日
为正义而生

不公正的人反对神灵，因为宇宙的本质是为了彼此的利益而创造理性的生物，着眼于基于真正价值的互惠互利，而不是为了伤害，显然，任何违背自然意志的人，都是在违背最古老的神灵。

——马可·奥勒留《沉思录》, 9.1.1

我们说，最令人发指的行为，是违反自然的罪行。我们认为某些事情是违背人性的，即“这违反了我们珍视的一切”。无论在宗教、成长、政治、阶级或性别上有多大的差异，我们都可以在这一点上达成一致。

为什么？因为正义感根深蒂固。我们不喜欢有人插队，不喜欢不速之客，我们借助法律保护手无寸铁的人，纳税并同意在一定程度上将我们的财富重新分配给那些需要的人。与此同时，如果认为我们可以远离正义，那我们可能会试图作弊或违反规则。用比尔·沃尔什的话来说，一旦将自己置于诡计，许多人便会像水一样往低处流。

因此，关键是用强有力的边界和坚定的承诺，来支持我们对正义的自然倾向，正如林肯号召一个分裂、愤怒的国家去做的那样，拥抱“我们本性中更好的天使”。

7 月 21 日
为合作而生

> 当你早上起床有困难时，提醒自己，你是为了和别人合作而生的，即使不会思考的动物，睡觉时也会偎在一起。
>
> 我们就是为此而生的，这更合适，更令人满意。
>
> ——马可 · 奥勒留《沉思录》, 8.12

如果一只狗整天躺在床上，很可能是你的床上，没什么，它只是一只狗。它无处可去，除了存在本身，没有其他义务。根据斯多葛学派的观点，我们人类有更高的义务，不是对众神，而是对彼此。什么让我们每天早上从床上爬起来，即便像马可那样与起床作斗争，是“praxeis koinonikas apodidonai”（与人合作共事）。文明和国家是我们共同建设的伟大工程，几千年来祖先与我们一同建设，从未停歇。我们是为了彼此合作（协同作用）而生。

因此，如果你今天早上起床需要额外的动力，如果你需要比咖啡因更多的东西，就用这个吧，人们依赖你。你的目的是帮助我们共同完成这项伟大的工作，人们正欢欣雀跃地期待着你的到来。

7月22日
没人拿枪指着你的头

如果不情愿或被迫去做，就无所谓高尚，所有高尚的行为都是自愿的。

——塞涅卡《道德书简》, 66.16b

你不必做对的事，你总是可以选择自私、粗鲁、可怕、目光短浅、迂腐、邪恶或愚蠢。事实上，有时还有坏的动机。当然，并不是每个犯罪嫌疑人都会被抓住。

但是，这种思维方式通常是如何作用于人们的呢？那种生活是怎样的呢？

你不必做对的事，就像你不必尽到你的责任一样。你自愿去做，你想做。

7 月 23 日
以同样的方式接受荣誉和怠慢

接受而不骄傲，放手而不执着。

——马可 · 奥勒留《沉思录》, 8.33

正当罗马共和国处于崩溃之时，也就是庞培（Pompey）和恺撒打内战的时候，庞培决定把军事舰队的控制权交给卡托，这是一个巨大的荣誉和巨大的权力地位。但几天后，为了回应他的嫉妒心十足的核心集团的抗议，庞培改变了他的决定，收回了指挥权。

升职后又被撤职，这可能被视为一种极大的公开羞辱。记录表明，卡托基本上没有任何反应，他对荣誉和耻辱的反应是一样的：淡然和接受，他当然没有让这件事影响到他对这项事业的支持。事实上，在受到冷落之后，他依然在战斗前用鼓舞人心的演讲动员士兵，而这些人本应在他的指挥下。

这就是马可所说的。不要把当天的怠慢看成是对你个人的怠慢，也不要把那些令人兴奋的奖励和认可看成是对你个人的奖励和认可，尤其是当工作赋予你一项重要的任务时。一些琐碎的细节，比如你职位的起落，都不能说明你是个什么样的人。只有你的行为能说明，就像卡托所做的那样。

7月24日
某人正在某处死去

每当你听到令人不安的消息时，请记住，任何消息都不可能与你的理性选择有关。有人能否突然告诉你，你的假设或愿望是错误的吗？

不可能！但是他们告诉你有人死了，即使这样，与你又有什么关系呢？

——爱比克泰德《哲学谈话录》，3.18.1 – 2

一个善意的朋友今天可能会问你："你怎么看……（如世界另一端的悲剧）"出于同样善意的关心，你可能会说："我只是觉得很糟。"在这种情况下，你们两人都把理性的选择放在一边，没有为遭受实际悲剧的受害者做任何事情。被来自世界各地的可怕消息分散注意力，甚至是被吞噬，易如反掌。斯多葛学派对这些事件的适当反应，不是不关心，而是认为盲目的、无意义的同情也起不到什么作用（而且在大多数情况下是以牺牲自己的平静为代价的）。如果你确实能做些什么来帮助这些受苦的人，那么，是的，这个令人不安的消息（以及你对它的反应）与你的理性选择有关。如果情感是你参与的目的，那么你应该回到对你自己、对你的家庭、对你的国家的个人责任上。

7月25日
你的墓碑上写什么

> 当你看到有人经常炫耀自己的地位或职位，或者有的名字经常在公共场合被人提起，不要嫉妒，这些东西是以牺牲生命为代价的……有些人死在成功的第一级阶梯，有些人在到达顶峰之前死去，只有少数几个人通过无数次的羞辱达到了自己雄心壮志的顶峰，但他们最终意识到，这只不过是他们墓碑上的一段铭文而已。
>
> ——塞涅卡《论生命之短暂》, 20

有时候，我们的职业承诺本身就会成为目标。一个政治家可能会为他的工作忽视他的家庭辩护，或者作家可能会认为她的“天才”为反社会或自私的行为辩解。任何人，从某个视角都能看出，其实政客只是爱出名，而作家则喜欢居高临下、自高自大，工作狂总是为他们的自私自利找借口。

虽然这些态度可以带来令人印象深刻的成就，但为此付出的代价很少是合理的。能够长期努力工作令人钦佩，但你是一个自然人，而不是一个工作人。塞涅卡指出，我们不是动物。“在工作中死去真的很愉快吗？”他问道。亚历山大·索尔仁尼琴（Aleksandr Solzhenitsyn，1918—2008）所言甚是：“马，死于工作，每个人都该清楚这一点。”

7月26日
当好人无所作为时

不公平往往在于你没有做什么，而不仅仅是你在做什么。

——马可 · 奥勒留《沉思录》, 9.5

历史上有大量的证据表明，人类有能力作恶，不仅有主动为之，还有被动为之。在人类历史上某些最可耻的时刻，从奴隶制到大屠杀，从种族隔离到基蒂 · 吉诺维斯被杀案（1964年，美国28岁女性基蒂遭遇持刀男人恶意袭击，袭击行为持续35分钟，约38个邻居听到被害者呼救，却都袖手旁观，无一人施以援手——译者注），犯罪并不局限于犯罪者，但对普通公民而言，出于多种原因，拒绝牵涉其中。有句老话说得好：所有邪恶需要占上风，是为了让好人无所作为。

仅仅不做坏事是不够的，你也必须要尽你所能，成为世界上一股向善的力量。

7月27日
哪里有更好的

其实，若你发现人类生活中任何事情都胜过正义、真理、自制、勇气，总之，比你自己的思想更充足，可以让你按照真正的理性要求行事，并接受命运给你自己选择的权利。告诉你，如果你能看到任何比这更好的东西，就要全身心地充分利用这更大的好处。

——马可·奥勒留《沉思录》, 3.6.1

我们都追逐过自认为重要的事情，某个时刻，人们都认为金钱就是答案，成功是最高的奖赏，一个美好的人给予的永恒之爱最终会让我们感到内心的温暖。当我们真正得到这些神圣的东西时，会发现什么呢？并不是说它们是空虚的或没有意义的，只有那些从未拥有过的人才会这样想，而是说，我们发现光有它们还不够。

金钱带来了问题。攀登一座山，会发现另一座更高的山。爱，永远都不够。

还有比之更好的东西：真正的美德。这是对它自己的奖赏，美德是一种善行，比我们所期望的要多，是一个人在某种程度上无法拥有的东西。我们要么拥有它，要么没有。这就是为什么美德由正义、诚实、纪律和勇气构成，它是唯一值得争取的东西。

7月28日
检查您的特权

有些人敏锐，有些人迟钝；有些人在较好的环境中长大，有些人在较差的环境中长大，后者有较坏的习惯和教养，需要更多的证据和细心的教导来掌握这些习惯，并由他们自己形成，同样地，想要健康的身体，就必须在身体状况不好时，给予极大程度的照顾。

——墨索尼亚斯 · 鲁弗斯《讲课》, 1.1.33－1.3.1－3

跟某人交流，整个过程令人沮丧又烦闷，结束时，你发现自己在想：呃，这个人真是个白痴。或者问，为什么他们不能把事情做好?

但并不是每个人都拥有你所拥有的优势，并不是说你自己的生活很容易，你只是对一些人领先了一步，这就是为什么我们有责任理解并耐心对待他人。

哲学是精神的形成，是灵魂的关怀。有些人比其他人需要更多的照顾，就像有些人有更好的新陈代谢或者生来就比其他人高一样。你对他人越宽容，你就越能意识到自己的各种特权和优势，你就会越乐于助人，越有耐心。

7 月 29 日
自我治疗

把哲学作为自我治疗方法的人，灵魂会变得伟大，充满自信，不可战胜，当你走近时，他会变得更伟大。

——塞涅卡《道德书简》, 111.2

什么是“自我治疗”？也许塞涅卡是在说，通过先天和后天的培养，我们形成了一套独特的性格，有些是积极的，有些是消极的。当这些负面特征开始对生活产生影响时，我们中的一些人会求助于治疗、精神分析或互助小组的帮助。关键是什么？治愈我们自身某些自私的、具有破坏性的部分。

但在所有治愈人类消极性格的方法中，哲学存在的时间最长，帮助的人也最多。它不仅关注减轻精神疾病或神经症的影响，而且还旨在鼓励人类健康幸福，旨在帮助您过上美好的生活。

难道你不配拥有健康幸福吗？难道你不想拥有伟大的灵魂，充满自信，无论外面发生什么都可立于不败之地吗？

那就践行你的哲学吧。

7月30日
斯多葛学派的快乐

> 相信我，真正的快乐是一件严肃的事情。你觉得有人可以用迷人的表情去轻松地面对死亡吗？或者打开贫穷之门、约束快乐，或者冥想对痛苦的忍耐力？一个能自如地把这些想法翻来覆去的人，确实充满了快乐，但这并不快乐。这正是我希望你所拥有的一种快乐，因为一旦你拥有了这种快乐的源泉，它将永远不会枯竭。
>
> ——塞涅卡《道德书简》, 23.4

人们用“快乐”这个词，随意得很。“听到这个消息我非常快乐”“和她在一起我很开心”“这是一个快乐的时刻”，但这些例子都没有触及真正的快乐。相比别的什么，更接近于“欢呼”，快乐是表面的。

对塞涅卡来说，快乐是一种深沉的存在状态，它是我们内心的感受，与微笑或大笑无关。所以当人们说斯多葛哲学家是阴沉或抑郁的时候，其实并未抓到重点。谁会在意一个人在形势好的时候是否有活力呢？那是什么样的成就？

但是，你能完全满足于你的生活吗？你能勇敢地面对生活中的每一天吗？你能在不失一步的情况下从各种逆境中恢复过来吗？你能成为周围人的力量和灵感之源吗？这就是斯多葛派的快乐，是来自目标、责任，严肃的快乐。

7月31日
你的事业不是终身监禁

垂暮之年的律师，在法庭上还在为不知名的当事人辩护，寻求无知的旁观者的认可，以这样的方式度过生命最后一段时光，多么可惜。

——塞涅卡《论生命之短暂》, 20.2

每隔几年，新闻中就会出现一个令人悲伤的场面：某个年迈的百万富翁，仍然是其商业帝国的王者，却被带上法庭。股东和家庭成员上法庭争辩说，他在精神上不再有能力做出决定，族长不适合经营自己的公司及处理法律事务。由于这位有权有势的人物拒绝放弃控制权或制订继任计划，他遭受了人生中最严重的一项羞辱：最隐秘的弱点被公开曝光。

我们不能太专注于工作，专注到认为自己对衰老和生活的现实免疫的程度。谁想成为一个永不放手的人？难道被放进棺材之前，你的人生仅有工作这一点意义，你唯一的追求就只有工作吗?

以你的工作为荣，但工作并非你的全部。

8月

实用主义

8月1日
不要期待完美

那根黄瓜很苦，把它扔掉吧！路上有荆棘，一定要远离！无须多言。为什么要考虑麻烦事儿的存在？这样的想法会使你成为真正研究自然的学生的笑柄，就像木匠或修鞋匠店铺的地板上有锯末或碎屑，而你指出来时他们会笑一样。然而，虽然这些店主有垃圾桶可收垃圾，大自然却不需要。

——马可 · 奥勒留《沉思录》, 8.50

我们希望一切顺利，所以告诉自己，一旦条件合适，或者确定了方向，就开始行动。无论何时，真的，最好把注意力放在处理事情的实际情况上。

马可提醒他自己："不要等待柏拉图理想国的完美。"他并没有预料到这个世界正是他所希望的那样，但马可本能地知道，正如天主教哲学家约瑟夫 · 皮珀（Josef Pieper，1904—1997）后来写的那样："只有他才能做好事，谁知道事情是怎样的，他们的处境是什么样的。"

今天，我们不会让自己对世界的真实理解，阻止我们做到最好，我们也不会让小烦恼和小障碍影响必须做的重要工作。

8月2日
无论怎样，我们都可以做事

> 的确，在没有人被剥夺学习或进行流放所需要的东西的时候，流放怎么可能成为一个人自身修养或获得美德的障碍呢？
>
> ——墨索尼亚斯 · 鲁弗斯《讲课》, 9.37.30 – 31, 9.39.1

西奥多 · 罗斯福晚年曾做过一次手术，术后，医生告诉他，他可能要在轮椅上度过余生。他用他那标志性的热情洋溢回答道："没事儿！坐轮椅也可以做事！"也就是说，即便是最大限度地剥夺人能力的命运转折，我们也可以这样回应：在所剩无几的空间内做事。没有什么能阻止我们学习。事实上，困难的情况往往是他们自己学习的机会，即使不是我们所希望的那种学习。

墨索尼亚斯 · 鲁弗斯曾三次被流放［两次被尼禄流放，一次被维斯帕先（Vespasian，7—79）流放］，但被强行逐出生活和家庭，并没有影响他对哲学的研究。他以自己的方式回答道："没事儿！那样我也可以做事。"他做到了，他在流放期间设法挤出时间和一个叫爱比克泰德的学生一起，就这样，把斯多葛哲学带给了世人。

8月3日
美好的生活无处不在

此时此刻，你不是在旅行，而是在四处游荡，从一个地方被驱赶到另一个地方，即使你所追求的幸福生活在所有地方都能找到。还有比公共集会场所更混乱的地方吗？如果需要，即使在那里你也可以平静地生活。

——塞涅卡《道德书简》，28.5b－6a

一位著名作家曾经抱怨说，在他成功之后，有钱的朋友总是邀请他去他们环境优美、充满异国情调的房子。他们会说“到我们法国南部的家里来”，或者，“我们的瑞士滑雪小屋是个写作的好地方”。这个作家周游世界，过着奢华的生活，希望在这些鼓舞人心的庄园和豪宅中找到灵感和创造力。然而，灵感却没有来敲门。总是有另一个更好的房子的诱惑，总是有让人分心的事情，总是有那么多事情要做，无论他走到哪里，伴随着作家旅游的障碍和不安全感一直困扰着他的创作。

我们告诉自己，最终在全力以赴并认真对待之前，需要一个正确的安排。或者告诉自己，一些假期或独处的时间会对一段关系或疾病是有好处的，这完全是自欺欺人。

更重要的是，我们变得务实和适应，能够随时随地做我们需要做的事情。在这里，你可以做你的工作，并过上美好的生活。

8月4日
不要责备，只要专注

你必须停止责备上帝，不要责备任何人。你必须完全控制你的欲望，把你的回避转移到你理性选择的范围内。你一定不要感到愤怒、怨恨、嫉妒或遗憾。

——爱比克泰德《哲学谈话录》, 3.22.13

纳尔逊·曼德拉（Nelson Mandela，1918—2013）因反抗南非残酷的种族隔离制度而入狱27年。其中有18年，他大小便只有一个水桶，小小的牢房里只有一张硬床，一年一次只允许一人来探望，且只有30分钟。这是一种残酷的对待，目的是孤立和击溃囚犯。然而，尽管如此，曼德拉在监狱里还是成为一个有尊严的人。

虽然他被剥夺了很多东西，但他仍然找到了创造性的方式来维护自己的意志。正如他的狱友内维尔·亚历山大（Neville Alexander）说："他（曼德拉）总是强调，如果别人都说你必须跑步，那就坚持步行。如果别人都说你必须走得快，那就坚持慢点走。这才是重点，我们要约定规矩。"他假装跳绳和打拳击来保持体型，他比其他犯人昂首挺胸，在艰难的时候鼓励他们，并始终保持自信。

你也应该有这种自信。无论今天发生了什么，无论你置身何处，都要转向理性的选择。尽你所能忽略那些突然冒出来的情绪，它们很容易让你分心。不要情绪化，要专注。

8月5日
沉默就是力量

沉默是从生活的许多痛苦中吸取的教训。

——塞涅卡《梯厄斯忒斯》, 309

回想一下你上次说的一件非常愚蠢的事儿，它会反过来咬你一口。你为什么这么说？很有可能你不需要说那个，但你认为那样说会让你看起来很聪明、很酷或者是想融入一个团队。

罗伯特·格林说：“你说得越多，就越有可能说一些蠢话。”对此，我们补充一点，你说得越多，就越有可能错过机会，忽视反馈，给自己带来痛苦。

没有经验和恐惧的人通过谈话来使自己安心，能够倾听并有意地置身于对话之外，并在没有对话有效性的情况下继续维持，这种能力不常见，沉默是建立力量和自立的一种方式。

8月6日
总有比你想象的更大的回旋余地

努力去思考困难——艰难时刻可以变得柔软，紧绷的挤压变得松弛，对于那些能够正确施加压力的人来说，沉重的负担可以变得更轻松。

——塞涅卡《论心灵的宁静》, 10.4b

你是否经历过这样一种比赛，本已无望，势必要输，但势头突然一转，你赢了？还记得那次你以为你肯定会考试不及格，但是熬了一个通宵，运气还不错，你勉强得了一个不错的分数吗？你所追求的那种直觉，其他人可能已经放弃——结果证明是非常棒的？

你现在需要的是那种能量和创造力，尤其是对自己的信心。失败主义不会给你带来任何好处（除了失败）。但是把你所有的努力都集中在那一点点空间、那一点点机会上，是你最好的选择。美国政治家林登·约翰逊（Lyndon Johnson，1908—1973）的一位助手曾对人说："有一种感觉，如果你什么都做，你就会赢。"什么都做。或者就像马可·奥勒留所言，如果别人能做到，你也能做到。

8月7日
务实与原则

一个人无论在哪儿生活，都可以过得很好；只要生活在法律的要求之下，也可以生活得很好。

——马可·奥勒留《沉思录》，5.16

美国历史学家威廉·李·米勒（William Lee Miller，1926—2012）曾写过独具特色的关于亚伯拉罕·林肯的“道德传记”，文中，他对这位著名总统提出了一个重要观点：我们把这个人神化，就是要假装他不是政治家。我们只关注他卑微的出身，他的自我教育，他言辞优美的演讲，但我们掩盖了他的工作，那就是政治。这忽略了他真正令人印象深刻的地方：作为一名政治家，林肯具备他所有的特质——富有同情心、深思熟虑、公正、心胸开阔、目标明确。他是我们所钦佩的那类人，在我们看来，这个职业完全是由与那类人相反的人组成的。

原则和实用主义并不矛盾，不管你是否住在华盛顿特区的疯人院，在物质主义至上的华尔街工作，还是在思想封闭的小镇长大，你都可以过得很好，其他很多人也一样。

8月8日
从世界的现状出发

现在就按照自然的要求去做吧。如果在你的能力范围内，那就直接去做，不要东张西望看人们是否会知道这件事。不要等待柏拉图《理想国》的完美，而是要满足于哪怕是最小的进步，并且把结果看作是一件小事。

——马可·奥勒留《沉思录》, 9.29.(4)

你有没有听过“不要让完美成为足够好的敌人”这句话？这个想法不是为了满足或让你对你的标准妥协，而是让你不要被理想主义所困。

美国社区组织者索尔·阿林斯基（Saul Alinsky，1909—1972）在他的书《激进派的规则》（*Rules for Radicals*）的开篇中，就以务实但鼓舞人心的口吻阐述了这一观点：

“作为一名组织者，我从世界的现状出发，而不是我希望的样子。我们接受这个世界的本来面目，在任何意义上都不会削弱我们把它变成自认为应该成为的样子的愿望，如果要把它变成我们认为应该成为的样子，就有必要从世界现状开始。”

今天，就是现在，你可以做很多事情，让世界变得更美好。有很多小步骤，如果你完成了，将有助于推动事情向前发展。不要因为条件不合适或更好的机会可能很快就会到来，而为自己找借口不去做。现在，做你能做的。当你做完后，要正确看待它，不要夸大结果。无论是之前还是之后，都不要自大，不要找借口。

8月9日
坚持实事求是

> 最初的印象告诉你多少，就是多少，不要自己添枝加叶。据说，有人在说你的坏话。这是据说，并不是说你受到了伤害。我发现我的儿子病了，但并非说他有生命危险。所以，永远记住你最初的印象，不要在脑海中添枝加叶，这样你就不会发生什么事。
>
> ——马可 · 奥勒留《沉思录》, 8.49

起初，这似乎与你所学的一切背道而驰。难道我们不能准确地培养我们的思维和批判性思维能力吗？这样我们就不会简单地接受表面价值的事物吗？是的，一般是这样，但有时这种方法可能适得其反。

正如尼采所说，哲学家也有能力“勇敢地停止，在表面”，以简单、客观的形式看待事物。无所谓多，也无所谓少。是的，他说斯多葛哲学是“肤浅的”“缺乏深度”。今天，当其他人忘乎所以的时候，这就是你要学习的。一种直截了当的实用主义，对事物最初的印象是什么样，就怎么看它。

8 月 10 日
完美是行动的敌人

我们不会因为对完善自己的追求感到绝望而放弃追求。

——爱比克泰德《哲学谈话录》, 1.2.37b

心理学家谈到的认知扭曲——夸大的思维模式，对病人的生活有破坏性的影响，其中最常见的一种是“非黑即白”的思维（也称为分裂症）。举几个例子：

如果你不支持我，那就是在反对我。

某某某是个十足的好人/坏人。

因为成功得不彻底，就是彻底的失败。

这种极端的想法与抑郁和挫败有关。怎么会不是呢？完美主义很少能带来完美，只会带来失望。

实用主义没有这样的苦恼，它会得到它所能得到的。爱比克泰德就是要提醒我们这点，即便世间真有“完美”这种东西，我们也永远不会完美，毕竟我们是人。不管能取得多大的进步，追求应以进步为目标。

8月11日
没有时间讲理论，只讲结果

当问题出现在我们身上时，习惯或理论是否更有利于获得美德，如果理论是指教导我们正确的行为，而习惯是指我们习惯于按照这个理论行事，墨索尼亚斯认为习惯更有效。

——墨索尼亚斯 · 鲁弗斯《讲课》, 5.17.31－32, 5.19.1－2

哈姆雷特有句对白：

“霍雷肖（Horatio），天地之间有许多事情，

是你的哲学里所没有梦想到的呢。”

我们没有时间为理论是否正确而争论不休，我们在与现实世界打交道。重要的是如何处理眼前的情况，以及你是否能够克服它，进入下一个阶段。这并不是说任何事情都会发生，但我们不能忘记，尽管理论简单明了，但实际情况却很少如此。

8月12日
说出自己的话

> 柏拉图、芝诺、克利西波斯、波西多尼乌斯，以及许多同样优秀的斯多葛哲学家都说过很多言语。我要告诉你，人们怎样才能证明那些话出自他们之口——通过践行他们一直在宣讲的内容。
>
> ——塞涅卡《道德书简》, 108.35; 38

现代翻译家和老师对斯多葛哲学的批评中，有一条是：大量的重复。例如，马可·奥勒留就被学术界斥为缺乏独创性，因为他的文字与早期斯多葛哲学家的文字相似。这种批评没有切中要害。

即便在马可之前，塞涅卡就很清楚哲学家之间有很多相互借鉴和重叠的地方。这是因为真正的哲学家并不关心作者的身份，只关心文字的内容。更重要的是，他们相信，说没有做重要。

这一点，现在和过去一样。欢迎你接受所有伟大哲学家的名言，并按照自己的喜好来运用（他们已经死了，他们不会介意）。您可以随意调整、编辑和改进，让内容适应现实世界的实际情况。要证明你真正理解你所说的和所写的，证明你真正是原创的，就要把它们付诸实践，用你的行动来表达你的想法。

8月13日
控制并打消你的困扰

你已经忍受了无数的麻烦，所有这些都是因为你不让你的主导理性去做它本来就该做的事情，早就够了！

——马可·奥勒留《沉思录》, 9.26

你害怕的事情到底发生了多少？有多少次焦虑能让你做出以后会后悔的行为？你有多少次让嫉妒、挫折或贪婪把你引向一条糟糕的不归之路？

让理性来支配一天的活动，似乎需要做更多的工作，但这也为我们省去了不少麻烦，正如本·富兰克林（Ben Franklin，1706—1790）的谚语所说："一分的预防胜似十分的治疗。"

你的大脑天生就是做这项工作的，它的目的是把重要的东西和无意义的东西区分开来，正确看待事物，只为值得为之烦恼的事而烦恼。

8 月 14 日
这可不是闹着玩的，是为了生活

哲学不是小把戏，也不是用来炫耀的，它与语言无关，但与事实有关。在一天结束之前，它不是用来娱乐的，也不是用来缓解我们休闲时的不安的。

它塑造和建立灵魂，给生活以秩序，并指导行动，表明该做的和不该做的，当我们在迟疑中摇摆不定时，它就像舵一样指引着我们的航向。没有它，没有人可以生活得无所畏惧或无忧无虑。每时每刻都有无数需要建议的事情发生，这种建议可以在哲学中找到答案。

——塞涅卡《道德书简》，16.3

有一个关于老加图（Cato the Elder，前234—前149）的故事，他的曾孙小加图成为罗马生活中一个杰出的人物。有一天，老加图目睹了怀疑论哲学家卡涅阿德斯（前214—前129）的精彩演讲，他诗意地阐述了正义的重要性。然而，第二天老加图发现卡涅阿德斯就正义的问题进行了激烈的争论，认为正义只是社会创造秩序的一种手段。老加图被这种“哲学家”惊呆了，他把这样一个珍贵的话题当作一场辩论，人们纯粹是为了炫耀而争论一个问题的正反两个方面，这到底是什么意思?

因此，他游说参议院让卡涅阿德斯回到雅典，在那里，他再也不能用他的修辞手法腐化罗马青年。对于一个斯多葛哲学家来说，无所事事地讨论一些问题，相信或争论两个相互矛盾的观点，这是对时间、精力和信仰的荒谬浪费。正如塞涅卡所说，哲学不是一个有趣的把戏，是需要用一生去践行的原则。

8 月 15 日
你心目中的最高法院

> 这一点可以用寥寥几句话迅速教会我们：美德是唯一的善行，没有美德就一定没有善行；美德存在于我们高尚的部分，也就是理性的方面。这种美德是什么呢？真实而坚定的判断。因为每一种精神上的冲动都会由此产生，每一种刺激我们冲动的表象都将因此而变得清晰。
>
> ——塞涅卡《道德书简》, 71.32

想想你认识的具有坚毅性格的一些人，为什么他们如此可靠、值得信赖、十分出色？为什么他们有这么好的声誉？

你可能会看出一个模式：一致性。他们不仅在方便的时候诚实，不只是在你需要的时候才会出现，他们令人钦佩的品质体现在一言一行中（“每一种精神冲动都会产生”）。

例如，我们为什么钦佩西奥多 · 罗斯福这样的人？这并不是因为他曾经的勇敢，曾经的无畏，曾经的坚强，而是因为这些品质贯穿了他所有的过往。罗斯福年轻瘦弱的时候，成了一名拳击手。而在此之前，他每天都要去家里的健身房锻炼好几个小时。当他在同一天因失去妻子和母亲而崩溃时，他去了“大荒地”（The Badlands）放牛，等等。

你是一系列行动的总和，正如你所做的那样，你的冲动会反映出你已经采取的行动，做出明智的选择。

8 月 16 日
任何事情都可以成为优势

> 正如理性事物的本质赋予每个人理性的权利一样，它也给予我们这种权利，正如自然将任何障碍或反对变成它自己的目的，将它置于预定的秩序中，并将它联合起来，所以任何一个理性的人都能将任何障碍转化成他们自己目的的原材料。
>
> ——马可 · 奥勒留《沉思录》, 8.35

美国退役篮球运动员马格西 · 博格斯（Muggsy Bogues，1965—　）身高5英尺3英寸（161cm），是职业篮球史上最矮的球员。在他的职业生涯中，他总是被嘲笑、低估、忽视。

但是博格斯成功地把他的身高变成了让他闻名全国的东西。有些人认为他的体型是一种诅咒，但他认为这是一种祝福，他发现了其中的好处。其实，在球场上，身材矮小有很多优势：速度和敏捷，从毫无防备（而且明显高很多）的球员手中抢球的能力，更不用说球员们完全低估了他。

你认为是什么阻碍了你，而它是否是一种隐藏的力量来源?

8月17日
责无旁贷

因为除了我理性的选择之外，没有任何东西能阻碍或伤害它，只有我理性的选择才能做到这一点。如果我们每次失败时都这样做，只责怪自己，只记得意见才会导致烦恼和不安，那么我以神的名义发誓，我们一定会取得进步。

——爱比克泰德《哲学谈话录》, 3.19.2 – 3

今天，看看你是否可以不去责备一个人或一件事。有人把你的指示搞砸了——你不该期望有什么不同，错在你。有人说了些粗鲁的话——这是由于你敏感，把他们的话解释成了这样。你的股票投资组合损失惨重——你怎么能想到下这么大的赌注呢？你为什么要天天查看市场行情呢？

不管什么事，不管事有多糟糕，看看你是否能坚持一整天，把它全部放在你理性的选择上。如果你不能坚持一天，看看你能否坚持一个小时。如果不能坚持一小时，那就坚持十分钟。

从你需要的地方开始，哪怕只有一分钟不推卸责任，坚持下去，也是自我生活艺术的提升。

8 月 18 日
只有傻瓜才会过于急进

一个好人是不可战胜的，因为他们不会冲进不是自己强项的比赛。如果你想要他们的财产，那就拿走吧，也拿走他们的员工、行业和主体部分。但你永远不会强迫他们去做他们想做的事，也不能把他们困在他们想逃避的事里。因为好人参加的唯一竞赛是自己理性的选择，这样的人怎能不会战无不胜呢?

——爱比克泰德《哲学谈话录》, 3.6.5 – 7

武术最基本的原则之一，就是力量不能与力量相对抗，也就是说，不要试图在你对手最强项的方面打败他们。但当我们试图承担一些不可能的任务，且并没有费心思考时，我们所做的正是这个。或者我们让别人为难，或者对我们遇到的每件事都说“是”。

有些人认为“选择你的战斗”是软弱的或算计的。减少失败的次数或者减少不必要的伤害怎么会是软弱的呢？怎么会是坏事呢？俗话说得好，谨慎为上策。斯多葛哲学家称为理性选择，也就是说要讲道理！在选择之前好好想想，让自己不可战胜。

8月19日
禁止不必要的言行

> 据说，如果你想心平气和，就不要那么忙碌。但是，更好的说法难道不应该是：做你必须做的事，并按照为公共生活而创造的理性的要求去做吗？因为这不仅带来做几件事的内心平静，而且带来把它们做好的更大的平静。因为我们绝大多数的言行都是不必要的，所以把它们圈进来，会创造出充分的休闲和宁静。因此，我们不应该忘记在每一刻去问，这是一件不必要的事情吗？但我们不仅要限制不必要的行为，还要限制不必要的想法，这样不必要的行为就不会尾随其后。
>
> ——马可 · 奥勒留《沉思录》, 4.24

斯多葛哲学家不是僧侣，他们没有退到修道院或寺庙的避难所，他们是政治家、商人、军人、艺术家。在忙碌的生活中实践着斯多葛哲学，就像你试图做的那样。

要做到这一点的关键是从我们的生活中无情地剔除不必要的东西。虚荣心迫使我们去做什么，贪欲让我们去做什么，不守纪律使我们加重了什么后果，缺乏勇气使我们无法说“不”。所有这些我们必须摒弃。

8月20日
重要之处

内心深处，我们应该在各方面都应与他人有所不同，但室外的着装应该能融入人群。

——塞涅卡《道德书简》, 5.2

犬儒派学者第欧根尼是一个有争议的哲学家，他像一个无家可归的人一样在街上游荡。几千年后，他的话语仍然让我们思考。但如果我们大多数人当时看到他，会想：那个疯子是谁?

把哲学发挥到极致是很有引诱力的，但这对谁有用呢？事实上，对社会基础的排斥疏远了其他人，甚至威胁到了他们自己。更重要的是，外在的改变——在我们的衣服，在我们的车里，在我们的打扮中，可能会感觉到重要，但与内在的改变相比，这是肤浅的，这就是我们所知道的变化。

8月21日
不要预先感到痛苦

> 对灵魂来说，对未来感到焦虑和在痛苦来临之前感到痛苦是毁灭性的，被焦虑所吞噬的渴望的东西可能会一直保持自己直到生命的尽头。因为这样的灵魂永远不会安宁，因为渴望未来，它会失去享受当下的能力。
>
> ——塞涅卡《道德书简》，98.5b－6a

如果你仔细想想，就会发现，我们为即将到来的坏消息而焦虑不安的方式是奇怪的。根据定义，等待意味着事情还没有发生，所以事先感觉不好完全是自愿的。但这就是我们所做的：啃指甲，胃不舒服，粗鲁地斥退周围的人。为什么？因为坏事可能很快就会发生。

实用主义者，实干家，忙到不能把时间浪费在这些愚蠢的事情上，实用主义者不能预先担心每一个可能的结果。想想吧，最好的情况是，如果消息比预期的要好，那么所有的时间都浪费在了不必要的恐惧上。最糟糕的情况是，我们会继续痛苦不堪，这是我们自己的选择。

你能更好地利用这段时间吗？这一天可能是你最后的一天——你想在忧虑中度过吗？当其他人坐在座位的边上，被动地等待命运的时候，你还能在其他什么领域取得一些进展呢？

有消息就让它来吧，工作太忙，无暇顾及。

8月22日
不要为小事烦恼

> 重要的是，你要记住，你对任何行动的关注都应该与它的价值成正比，因为如果你不忙于不应该被允许的小事，你就不会感到疲倦和想要放弃。
>
> ——马可 · 奥勒留《沉思录》, 4.32b

1997年，美国一位名叫理查德 · 卡尔森（Richard Carlson，1912—1977）的心理治疗师出版了一本名为《不要为小事烦恼，都是小事》（*Don't Sweat the Small Stuff... and It's All Small Stuff*）的书。这本书很快成为有史以来销售最快的书籍之一，并位列畅销书排行榜数年不下，被译成多种语言，最终销量达数百万册。

无论你是否读过这本书，卡尔森对这一永恒思想的精辟阐述都值得记住。就连马可 · 奥勒留的修辞学老师科尼利厄斯 · 弗朗托也会认为，这是一种更好的方式来表达他的学生在上面这段话中所尝试运用的智慧。他们说的都是同一件事：不要把时间（这是你所有资源中最有价值和最不可再生的）花在无关紧要的事上。那些无关紧要但你绝对有义务去做的事情呢？尽可能不要花时间担忧它们。

如果你付出的时间和精力超过了它们应得的，这些就不再是微不足道之事，你为它们付出的生命使它们变得重要。可悲的是，你同时把真正重要的事（家庭、健康、真正承诺的东西）变得不那么重要了。

8 月 23 日
这符合你的自身利益

因此，解释一个明智的人为什么不应喝醉，不是通过言语，而是醉酒后的丑态和给人带来的不快。最容易证明的是，所谓的快乐，当它们超出适当的尺度时，就成了一种惩罚。

——塞涅卡《道德书简》, 83.27

为了说服人们做某件事，有没有一种比滔滔不绝效果更差的方法呢？有什么比抽象概念更让人反感的吗？斯多葛哲学家不说“停止这样做，这是一种罪恶”之类的话，原因就在于此。反过来，他们说：“不要这样做，因为这会让你很痛苦。”他们不会说“快乐不是愉快的”，而是说：“无尽的快乐却变成了对自己的惩罚。”他们的说服方法贯穿了“权力48法则”:“为人们的自身利益而呼吁，绝不是为了他们的怜悯或感激。”

如果你发现自己试图说服别人改变或做一些不同的事情，记住什么是有效的“杠杆利己主义”。并不是说这样或那样不好，而是用一种不同的方式去做最符合他们利益的事。让他们知道，不要说教。

当你把这种思维方式应用到自己的行为中，会发生什么呢?

8 月 24 日
掠夺一切资源

我永远不会为引用一个差劲作家的名言而感到羞愧。

——塞涅卡《论心灵的宁静》, 11.8

塞涅卡的书信和文章中最引人注目的一点是，他经常引用哲学家伊壁鸠鲁（Epicurus，前341—前270）的话。为什么会奇怪呢？因为人们认为斯多葛哲学和伊壁鸠鲁学派是完全对立的两门哲学（其实，尽管差异显著，不过往往被夸大了）!

但对塞涅卡来说，情况确实如此。他在寻找智慧，仅此而已，来自哪儿并不重要，这是许多原教旨主义者（无论是在宗教、哲学还是在其他什么方面）似乎都忽略了的东西。谁在乎一点智慧是否来自斯多葛哲学，谁在乎它是否与斯多葛哲学完美契合？重要的是它是否让你的生活变得更好，是否让你变得更好。

如果从现在起，你不再关心社会关系和名誉，还能得到什么智慧和帮助呢？如果你只关注可取之处，还能看到多少呢？

8月25日
尊重过去，面向未来

“你不会步前任的后尘吗？”我肯定会走老路，但如果我找到一条更短更平坦的路，我会在那里开辟一条道路。开辟这些道路的人不是我们的主人，而是我们的向导。真相对每个人都是开放的，没有被垄断。

——塞涅卡《道德书简》, 33.11

传统往往是经过时间考验的，也是做事情的最佳实践参照。但是请记住，今天的保守思想曾经是有争议的、先进的和创新的，这就是为什么我们不能害怕尝试新的想法。

在塞涅卡的例子中，他可能正在接受一些新的哲学见解，这些见解改进了芝诺或克里安提斯的写作。在我们的例子中，也许心理学的突破改进了塞涅卡或马可·奥勒留的写作，或许我们已经有了自己的突破。如果这些想法是正确的，并且更好，那么就接受它们，并加以利用，你不需要成为两千年前已停止学习的人的囚犯。

8 月 26 日
寻找沉船

我在上船之前就遭遇了海难……这段旅程告诉我，我们拥有的东西有多少是不必要的，而且，我们可以轻易地决定在任何必要的时候摆脱这些东西，从不蒙受损失。

——塞涅卡《道德书简》，87.1

人们广泛认为，芝诺是斯多葛学派的创始人，在成为哲学家之前，他是一位商人。在腓尼基（Phoenicia）和比雷埃夫斯（Peiraeus）之间的航行中，他的船连同货物一起沉没了。芝诺最终来到了雅典，在一家书店里，经人介绍，了解了苏格拉底的哲学，之后又了解了雅典哲学家克拉泰斯（Crates）的哲学，这些影响彻底改变了他的人生轨迹，使他发展了我们现在所知的斯多葛学派的思想和原则。据古代传记作家第欧根尼·拉尔修所记，芝诺以开玩笑的口吻说“虽然我遭遇了海难，但是一趟美好的旅程”，还有另一种说法，“你做得很好，好运气，促使我走向哲学。”

斯多葛哲学并不是在假设，当他们说我们应该用一个反向原则来行动，即使是最不幸的事件也可能是最好的结果，整个哲学就是建立在这个理念之上的！

8月27日
笑，还是哭

> 每当赫拉克利特出现在公众面前时，他都会流泪，但德谟克利特会笑。一个把一切看成是一连串的不幸，另一个却是一连串的蠢事。因此，我们应该以更轻松的眼光看待事物，以轻松的心态去承受它们，因为嘲笑生活比哀叹生活更有人情味。
>
> ——塞涅卡《论心灵的宁静》，15.2

难道这个观点就是那个关于令人沮丧的新闻的名言的起源吗？“我不知道该笑还是该哭？”斯多葛哲学家认为，对那些与我们感受无关的事情生气或悲伤毫无意义，尤其是当这些感觉最终让我们感觉更糟的时候。

这也证明了斯多葛哲学家们并不是一群令人沮丧、痛苦的老人，即使事情真的很糟糕，当这个世界逼着他们在绝望或愤怒中哭泣的时候，他们也会选择大笑。

和德谟克利特（Democritus，前460—前370）一样，我们也可以做出同样的选择。几乎在每一种情况下，幽默都比仇恨多。至少幽默是有成效的，让事情变得不那么沉重，或者不是更沉重。

8月28日
富有的斯多葛哲学家

宇宙的缔造者，他把生命的法则赐给我们，规定我们要生活得好，但不要奢侈。我们幸福所需要的一切就在面前，而奢侈所需要的是由许多痛苦和焦虑聚集起来的。让我们利用大自然的恩赐，把它列为最伟大的东西吧。

——塞涅卡《道德书简》, 119.15b

在塞涅卡所处的时代，他是罗马积累财富最多的人之一，当时，由于他宣扬斯多葛学派的美德而受人批评。据历史学家推测，塞涅卡家财万贯，大部分借款都借给了今天所属英国境内的居民，引起了当地可怕又残酷的起义，批评家嘲笑他的绰号是“富有的斯多葛哲学家”。

塞涅卡对这种批评的回应相当简单：他或许拥有财富，但他并不需要。他不依赖它，也不沉迷于它。尽管拥有大量的银行存款，但也不被认为是罗马花钱最大手大脚和寻欢作乐的人。无论他的合理化是否正确（或者他是否有点虚伪），他的理论都是驾驭当今物质主义和财富驱动型社会的一剂良方。

这是一种务实而非道德的致富方式，我们仍然可以过得很好，而不被奢侈所奴役。我们不需要为了得到更多的钱去买自己不需要的东西而做出决定，强迫自己不停地工作，然后继续学习和沉思。没有规则说经济上的成功一定意味着你入不敷出，记住：人类可以用很少的东西来获得快乐。

8 月 29 日
一无所求 = 拥有一切

没有人有能力得到他们想要的一切，但是有能力不去想没有的东西，并且愉快地好好利用拥有的东西。

——塞涅卡《道德书简》, 123.3

是否有这样一个人，他非常富有，几乎没有什么东西是他买不起的？肯定没有。即使是最富有的人，也常常买不到选票、尊重、阶级、爱情和其他任何不出售的东西。

如果淫秽的财富永远不能给你想要的一切，这是它的尽头吗？或者有其他方法来解决这个问题吗？斯多葛哲学家认为："通过改变你想要的东西，通过改变你的思维方式，你会成功的。"像他们一样富有的约翰 · 戴维森 · 洛克菲勒（John D. Rockefeller，1839—1937）认为："一个人的财富必须由他的欲望以及相对他收入的支出的关系决定。如果他觉得10美元很富有，并且拥有他想要的一切，他就真的很富有。"

今天，你可以尝试增加你的财富，或者你可以走捷径，想要的少一点。

8月30日
当你感到自己变得懒惰时

> 任何必须做的事情，美德都可以用勇气和敏捷来完成。因为如果一个人带着懒惰和不情愿的精神去从事一项任务，或者把身体推向一个方向，把思想推向另一个方向，却被截然不同的冲动所撕裂，任何人都会认为这是愚蠢的表现。
>
> ——塞涅卡《道德书简》, 74.31b－32

如果你开始做某事时马上感到自己变得懒惰和恼怒，首先问问自己：我为什么要做这些？如果真的有必要，那就问问自己：我不情愿的原因是什么？恐惧？怨恨？疲劳？

不要指望有人会来解除你不想做的工作，或者有人会突然向你解释为什么你所做的事情很重要。不要做一个嘴上说“是”，但行动上说“不”的人。2005年，史蒂夫·乔布斯（Steve Jobs，1955—2011）在接受《商业周刊》（*BusinessWeek*）采访时表示，苹果公司正以惊人的速度崛起，成为全球最具价值的公司之一：“质量比数量重要得多……一个本垒打比两个双打强多了。”

8月31日
也要考虑你的缺点

每当你对别人的错误行为感到恼火时，立刻思考一下你自己类似的缺点，比如觉得钱是个好东西、很快乐，或者有点名气，不管它是什么形式。通过思考这个问题，你很快就会忘记你的愤怒，同时想想是什么驱使着他们——他们还能做什么？或者，如果你有能力，消除他们的强烈欲望。

——马可·奥勒留《沉思录》, 10.30

前段时间，我们复习了苏格拉底的宽容信念："没有人是故意犯错的。"这一假设的最明显证据是什么呢？我们总是在没有恶意和无意的情况下做错事情。还记得那些事儿吗？那次你很粗鲁，因为你两天没睡觉了。还有你对错误消息采取行动的那次，还有一次你失去理智。记不起来，也不理解，这样的例子不胜枚举。

这就是不要否定他人或给他人贴上敌人的标签非常重要的原因，像宽恕自己一样宽恕他们，对他们要像对自己一样宽容，这样你才能继续和他们一起工作，发挥他们的才能。

第三辑

意志的训练

9月

坚毅与韧性

9月1日
坚强的灵魂胜过好运气

理性的灵魂比任何一种运气都强大——从它自己的分配中，它左右着自己的事情，它本身就是幸福或痛苦生活的根源。

——塞涅卡《道德书简》, 98.2b

小加图有足够的钱穿漂亮的衣服，然而，他经常赤脚在罗马四处走动，走过人群，对他人对自己的猜测毫不在意。他本可以尽情享用最好的美食，但他却选择吃简单的饭菜。不管是下雨还是酷暑，他都不戴帽子。

为什么不好好放松一下呢？因为小加图在训练他的灵魂变得坚强有韧性。具体地说，他正在学习淡漠处之：一种“随它去吧”的态度，这种态度将使他在军队的战壕里、罗马广场、元老院，以及在他作为父亲和政治家的一生中都受益匪浅。

他的训练使他能应对任何情况，任何运气。或许，我们经过自我训练和准备，也会变得一样坚强。

9月2日
哲学家的学校是一所医院

男人啊，哲学家的讲堂是一所医院，你不应该从里面走出来感到快乐，而是痛苦，因为你一进去就不舒服。

——爱比克泰德《哲学谈话录》，3.23.30

你曾接受过物理治疗或康复治疗吗？不管这个名字意味着什么，也不管你看到多少人躺着，或接受按摩，都不是一个有趣的地方。事实证明，治愈是痛苦的。训练有素的专家知道应该在哪里施加压力，应该承受什么样的压力，这样他们就能在病人虚弱的地方增加力量，帮助刺激萎缩的地方。

斯多葛哲学就是这样，一些观察或练习会触及你的一个压力点，不关乎私人恩怨，应该会疼的，这就是你要如何培养自己的意志去忍耐和坚持度过生活中的许多困难。

9月3日
首先，要进行艰苦的冬季训练

我们必须进行艰苦的冬季训练，不要仓促从事我们没有准备的事情。

——爱比克泰德《哲学谈话录》, 1.2.32

现代战争出现之前，冬天时，军队通常会解散。战争并不是我们今天所理解的全面战争，而更像是一系列的突袭，其间穿插着罕见的决战。

当爱比克泰德说我们应该进行“艰苦的冬季训练”（希腊语单词是cheimaskêsai）时，他是在驳斥这样一种观点，即存在兼职军人（或兼职任何事情）。为了取得胜利，我们必须把每一秒、每一种资源都投入到准备和训练中去。美国篮球运动员勒布朗·詹姆斯（LeBron James）夏天时不会休息，他会利用这个时间来学习比赛的其他方面。美国军队在不打仗的时候日夜训练士兵，为他们必须开战做准备；当他们真正开战，会一直战斗到结束。

我们也一样，不能敷衍了事。没有时间耽搁，甚至连周末都没有。我们总是在为生活可能给我们带来的一切做准备，当它来临时，我们已经准备好了，直到我们处理好，才会停下来。

9月4日
你怎么知道自己从未接受过试炼呢

我认为你是不幸的，因为你从来没有经历过不幸。你的一生没有对手，没有人知道你能做什么，甚至你自己也不知道。

——塞涅卡《论天命》, 4.3

大多数经历过人生困难时期的人，后来都会把这些经历作为荣誉的徽章。他们可能会说“那些才是日子”，即使他们现在的生活环境好多了。有的人可能会满怀渴望地说“再年轻一回，再求知若渴一回”“这是发生在我身上的最好的事情”，或者“对那件事，我不会改变丝毫”。尽管那段时间很艰难，但它们最终形成了一种重要经历，那段时光造就了现在的自己。

所谓不幸，还有另一个好处。经历之后，我们会对自己的能力和内在力量有更好的理解，知道在未来自己可以如何在类似的逆境中生存。尼采说 :“那些杀不死我的，只会让我更强大。”

所以今天，如果事情看起来可能会变坏，或者你的运气可能会改变，为什么要担心呢? 这可能是你以后会感激的重要经历之一。

9月5日
专注于你自己

那么，请记住，如果你把本性上奴役的东西视作自由，把不是你自己的东西视作是你的，你就会被束缚，痛苦不堪，并责怪神灵和其他人。但如果你只把属于你的东西当作自己的，而把属于别人的东西当作真正不属于你的，那么没有人能够强迫或阻止你，你将找不到任何人去责怪或指责，不会违背你的意愿，没有敌人，没有人会伤害你，因为任何东西都不会伤害你。

——爱比克泰德《指南》, 1.3

在上尉詹姆斯·斯托克代尔在越南上空被击落后，他在不同的集中营里度过了七年半。他遭受了残酷的折磨，但总是挣扎着反抗。有一次，当逮捕他的人打算强迫他在一个宣传视频中出镜时，他故意重伤自己，使之不可能。

当斯托克代尔的飞机被击中时，他告诉自己，他正在“进入爱比克泰德的世界”。他并非表示在参加一场哲学研讨会，他知道当他迫降时要面对什么，知道要活下来并不容易。

在商业经典著作《从优秀到卓越》(*Good to Great*)中，吉姆·柯林斯(Jim Collins)采访了斯托克代尔，他解释说有一伙人在监狱里遇到了最大的麻烦，他说：“是乐观主义者……有人说：‘我们要在圣诞节前出去’。圣诞节到了，圣诞节也过去了。然后他们会说：‘我们要在复活节前出去。’复活节来了，复活节又过去了，然后是感恩节，之后又是圣诞节，他们最终死于心碎。”但斯托克代尔坚持了下来，最终成功了。他抑制了自己的欲望，只专注于他能控制的事情：就是他自己。

9月6日
他们可以把你铐起来，但是……

你可以绑住我的腿，但即使是宙斯也没有力量打破我选择的自由。

——爱比克泰德《哲学谈话录》, 1.1.23

据说，爱比克泰德被锁起来当奴隶了，走路时永远一瘸一拐的。两千年后，詹姆斯·斯托克代尔也被铁链锁住了他的腿（他的手臂被绑在背后，从天花板上被拉下来，不断地从器具上扯下来）。后来，参议员约翰·麦凯恩（John McCain）也在同样的监狱里，遭受了同样的虐待。因为他的父亲很有名，逮捕他的人一再给麦凯恩机会，让他放弃手下的人，早点被送回家。他也紧紧抓住自己的选择自由，拒绝屈从于这种诱惑，尽管这意味着失去他本应渴望的身体自由。

这些人都没有违反规则，没有人能使他们牺牲自己的原则。事情就是这样——有些人可以把你铐起来，但他们没有能力改变你。即使是在人类可以相互施加的最严重的折磨和残忍的情况下，我们对自己思想和做出决定的权利也不能被外界打破，只能自己选择放弃。

9月7日
我们隐藏的力量

想想你是谁。最重要的是，一个人，没有比你自己理性的选择更强大的力量，你的理性选择监督着所有其他的事情，不受其他任何事物支配。

——爱比克泰德《哲学谈话录》, 2.10.1

心理学家维克多·弗兰克尔在多个集中营里被囚禁了三年，其中包括奥斯威辛（Auschwitz）集中营。他的家人和妻子被杀害，他毕生的事业被毁，他的自由被剥夺，他真的一无所有了。然而，正如他深思熟虑后发现的那样，他仍然保留着一件事：确定这种痛苦意味着什么的能力，即使是纳粹也不能从他那里得到这些。

此外，弗兰克尔意识到他可以在自己的处境中找到积极的一面。这是一个继续测试和探索他的心理学理论的机会（也许还会修改它们），他仍然可以为别人服务。他甚至得到了一些安慰，因为他所爱的人没有遭受他每天在集中营里所面临的痛苦和苦难。

你隐藏的力量是你运用理性并做出选择的能力，无论这种选择是有限的还是微小的。想想你生活中那些被胁迫或被责任压得喘不过气来的时刻，日复一日，你有什么选择？你可能会惊讶于自己实际上有这么多选择。你发现积极的一面了吗？

9月8日
不要被命运欺骗

没有人会被命运压垮，除非他们首先被他欺骗……那些在繁荣时期不浮夸的人不会随着变化而使泡沫破裂。在任何情况下，稳定的人都能保持理性的灵魂不被战胜，因为正是在顺境中，他们才能证明自己在逆境中的力量。

——塞涅卡《致赫尔维亚的告慰书》, 5.4b, 5b－6

公元41年，塞涅卡从罗马被流放到科西嘉（Corsica），具体原因我们不清楚，但据传是因他与皇帝的妹妹有染。不久之后，他给母亲写了一封信，试图安慰她，抚慰她的悲伤。但从许多方面来看，他一定也在自言自语——为自己承受的这一意想不到的打击，他多少有点自责。

他设法取得了一定程度上的政治和社会的成功，他或许追求肉体上的快乐。当时，他和他的家人正在处理后果——我们都必须为我们的行为和所冒的风险承担责任。

他会如何回应？他会怎么处理呢？好吧，至少他的本能是去安慰他母亲，而不是简单地哀叹自己的痛苦。尽管其他一些信件内容显示，塞涅卡恳求并游说他重返罗马并获得权力（这一请求最终得到了允准），但他似乎很好地承受了流亡的痛苦和耻辱。他长期学习的哲学使他为这种逆境做好了准备，并给他所需的决心和耐心以等待它的结束。当他发现他的财富随着他重新掌权而恢复时，哲学阻止他把它视为理所当然或变得依赖它。这是件好事，因为他的命运还会有转机。当新皇帝把他的愤怒转向塞涅卡时，哲学发现他又一次做好了准备。

9月9日
除了恐惧本身，没有什么好害怕的

但如果让恐惧主导了我们，我们就没有理由活下去，我们的痛苦也没有极限。

——塞涅卡《道德书简》, 13.12b

美国大萧条早期，一位名叫富兰克林·德拉诺·罗斯福（Franklin Delano Roosevelt，1882—1945）的新总统宣誓就职并发表了他的第一次就职演说。作为《第二十修正案》（*Twentieth Amendment*）通过前的最后一位总统，罗斯福直到三月才上任，这意味着这个国家已经有好几个月没有强有力的领导了，空气中弥漫着恐慌，银行破产，人们都很害怕。

你可能听过罗斯福在那篇著名演讲中所说的“除了恐惧本身，没什么好怕的”，整句话值得一读，因为它适用于我们生活中面临的许多困难：

“让我来表明我坚定的信念：我们唯一害怕的就是害怕本身，一种莫名奇妙的、丧失理智的、毫无根据的恐惧，它把人们转退为进所需要的种种努力化为泡影。”

斯多葛哲学家知道恐惧之所以可怕，是因为它会带来痛苦。当我们不假思索地竭力逃避时，我们对自己和他人造成的伤害与之相比，所害怕的事情就显得微不足道了。经济萧条是不好的，但恐慌更糟。恐惧对艰难的形势没有好处，只会让事情变得更加糟糕。这就是若我们想改变这类情况的话，我们必须抵制它、拒绝它的原因。

9月10日
未雨绸缪

这是一个考验你心智勇气的课程：花一周的时间，只吃最劣质、最便宜的食物，衣着寒酸，问问自己这是不是你所担心的最糟糕的情况。只有当时机好的时候，你才应该为未来的艰难时刻做好准备，因为当运气好的时候，灵魂才能建立起防御，抵御她的蹂躏。所以，士兵在和平时期进行演习，在看不到敌人的情况下建造战壕，在没有受到攻击的情况下筋疲力尽，这样，当战争来临的时候，他们就不会感到疲倦了。

——塞涅卡《道德书简》, 18.5 – 6

如果你每个月都有一天经历贫困、饥饿、完全孤立或其他任何你可能害怕的事情，你会怎么做？在最初的文化冲击之后，会开始让人感觉正常，不再那么可怕。

有很多不幸可以经历，有很多问题可以提前解决。假装你的热水已经关掉了，假装你的钱包被偷了，假装你舒适的床垫离你很远，你不得不睡在地板上，或者你的车被收回了，去哪儿都得步行。假装你失业了，需要找份新工作。再次强调，不要只考虑这些事情，而是要活在其中。趁一切顺利，现在就去做。塞涅卡提醒我们：“正是在无忧无虑的时候，灵魂应该预先磨炼一下，以应对更大的压力……如果你不想让一个人在危机来临时退缩，那就在危机来之前训练他。”

9月11日
少一点会是什么样子

让我们习惯在没有人群的情况下外出就餐，习惯被更少奴役的事情所奴役，习惯只为了真正的目的而买衣服，习惯住得更简朴。

——塞涅卡《论心灵的宁静》, 9.3b

作家斯蒂芬·茨威格（Stefan Zweig，1881—1942）以斯多葛学派式的智慧闻名，一度是世界上最畅销的作家之一，但他的生活却因希特勒的出现毁掉了。这是一段悲伤而永恒的历史：政客们因为采取了我们后来认为是勇敢的立场而下台，无数勤劳富裕的夫妇的钱都被金融骗子偷走了。一些人被控犯罪，但直到数年后才被证明无罪。

任何时候，我们都可能从高位上被推翻，用更少的钱、更少的认可、更少的机会、更少的资源勉强度日。甚至是随着年龄增长而来的“少”：更少的机动性，更少的精力，更少的自由。但我们可以通过熟悉这种感觉，来为之做好准备。

一种保护自己不受命运波动和由此导致的情绪眩晕影响的方法是量入为出，所以今天，我们可以试着去适应拥有和依靠更少的东西生存，当我们被迫拥有得更少，逆境便不再那样糟糕。

9 月 12 日
要么脚踏实地，要么被打倒

芝诺总是说，没有什么比装腔作势更不得体的了，尤其是对年轻人。

——第欧根尼 · 拉尔修《名哲言行录》, 7.1.22

伊苏克拉底（Isocrates，前436—前338）写给狄蒙尼卡斯（Demonicus）的那封著名的信（后来成为波洛尼厄斯“对自己要真实”演讲的灵感来源）对芝诺也提出了类似的警告。在写给这位年轻人的信中，伊苏克拉底建议道：你要对身边的人和蔼可亲，不可骄傲，因为趾高气扬的骄傲，连奴仆也受不了。从古代文学到流行电影，艺术中最常见的比喻之一就是鲁莽自负的年轻人，不得不被年长而睿智的人取代。这是陈词滥调，因为这是生活的一个事实：人们往往会超越自己，认为自己已经把一切都弄明白了，比那些没有弄明白的人更厉害。忍受变得如此不愉快，以至于有人不得不向他们传授一些知识。

但这是完全可以避免的对抗，如果泡沫从未膨胀，就不需要被戳破。过度自信是一个很大的弱点，如果你脚踏实地，没人会把你拉下来。

9月13日
保护我们内心的堡垒免受恐惧侵扰

> 不，当另一个人有能力控制或阻止它们时——正是这些事件引起的恐惧，那个人就能激发恐惧。堡垒是如何被摧毁的？不是靠铁或火，而是靠判断……我们必须从这里开始，必须从这条战线上夺取堡垒，赶走暴君。
>
> ——爱比克泰德《哲学谈话录》, 4.1.85 – 86; 87a

斯多葛哲学家给了我们一个奇妙的概念：内在堡垒。他们相信，正是这座堡垒保护着我们的灵魂。虽然我们可能在身体上很脆弱，虽然我们可能在很多方面受命运的摆布，但内心世界是无法穿透的。正如马可·奥勒留所说的那样（重复说了好多次）:“物质无法触及灵魂。”

但历史告诉我们，如果从内部背叛，坚不可摧的堡垒仍有可能被攻破。如果成为恐惧、贪婪的牺牲品，城墙内的居民可以打开大门，让敌人进来。当我们失去勇气，向恐惧屈服时，很多人都会这样做。

你已经得到了一座坚固的堡垒，不要背叛它。

9 月 14 日
一种不同的祈祷方式

试着用不同的方式祈祷，看看会发生什么：不要问“除去他的方法”，试着问“渴望他不死的方法”。不要问“怎样才能不失去我的孩子”，而应该说“怎样才能消除我丢失孩子的恐惧”。

——马可 · 奥勒留《沉思录》, 9.40.(6)

祈祷有宗教的含义，但在生活中我们都发现自己在期望和寻求事物。困难的情况下，我们可能会默默地寻求帮助；或者，在艰难的休息之后，获得第二次机会；在一场体育比赛中，我们可能会坐在座位的边缘，希望得到一些结果。我们说：“来吧，来吧，来吧”“请……”即使不是针对某个人，我们仍然在祈祷。然而，在这些时刻，当我们私下里强烈地渴望某样东西时，要求通常是多么赤裸裸地自私，这一点很能说明问题。

我们需要神的介入，这样生活就会神奇地变得更容易。但是，如果你需要刚毅和力量，这样你就能做你需要做的事情吗？如果你想弄清楚你控制的东西，那什么已经在你的能力范围内了呢？或许，你会发现你的祈祷已经得到了回应。

9月15日
花园不是用来炫耀的

首先，不要让别人知道你是谁——把你的哲学留给自己一点。就像果实产生的方式一样——种子被埋了一个季节，隐藏在地下，逐渐生长，这样它就可以完全成熟。但如果谷物在茎完全发育之前就发芽了，它就永远不会成熟……你就是这种植物，过早结果子，冬天会把你冻死的。

——爱比克泰德《哲学谈话录》，4.8.35b－37

读完所有的书，你可能会忍不住想：这东西很棒，我明白了，我是一个斯多葛主义者。但这并不容易，仅仅因为你赞同这种哲学并不意味着在你的思想中已经完全扎根。

为了让自己看起来更聪明或者拥有一个令人生畏的图书馆而玩弄书籍，就像打理花园以给邻居留下深刻印象一样。做一个来养家糊口？这纯粹是对你时间的有益利用。斯多葛主义的种子早已埋在地下，做必要的工作来培养和照顾他们。这样，他们——还有你——就能做好准备，坚强地度过人生的严冬。

9月16日
任何人都有运气，但不是每个人都能坚持

成功属于卑微的人，属于没有天赋的人，但伟人的特殊之处在于战胜人类生活中的灾难和恐慌。

——塞涅卡《论天命》, 4.1

也许你认识一些人，他们在生活中非常幸运。也许这些人有先天基因优势，或者轻松通过了考试，顺利就业。尽管他们从未做过计划，也没做过鲁莽的决定，从一件事跳到另一件事，却毫发无伤地活了下来，俗话说“傻人有傻福。”

嫉妒这些人是很自然的。我们也想过轻松的生活，至少是这么想的，但安逸的生活真的那么令人羡慕吗?

任何人都可能是幸运的，但没有人会认为那是伟大的。

另一方面，有人在困难中坚持，在别人放弃的时候继续前进，并通过努力和诚实到达他们的目的地？这是令人钦佩的，因为他们生存下来是坚毅和韧性的结果，而不是与生俱来的权利或环境。一个人不仅克服了成功的外在障碍，而且在成功的路上控制了自己和自己的情绪？这更令人钦佩。这个人经历了很多的困难，他明白这一点，但仍然取得了胜利，这是伟大的。

9月17日
对付仇敌

如果有人蔑视我怎么办？让他们蔑视吧，但我要确保我不会被人发现做或说任何可鄙的事。如果有人恨我怎么办？让他们恨我吧，但我要确保自己对所有人都是善良的、和善的，甚至准备让讨厌我的人知道他们哪里做错了。不是以批判的方式，也不是为了炫耀我的耐心，而是真诚而有益的。

——马可·奥勒留《沉思录》，11.13

当一个人对某件事有强烈的意见时，通常比这个意见是关于什么的或者是关于谁的更能说明问题。当涉及对他人的怨恨和憎恨时尤其如此（可笑的是，对那些他们如此公开憎恨的人，怀有偏见的人往往有秘密的吸引力）。

因此，斯多葛哲学家在遇到他人的仇恨或负面意见时，会做两件事，他们问：这个观点是否在我的掌控之中？如果有影响或改变的机会，他们会抓住。但是如果没有，他们会接受这个人本来的样子（并且永远不会恨一个讨厌他们的人）。我们的工作已经够难的了，没有时间去想别人在想什么，即使是别人对我们自己的看法。

9月18日
应对痛苦

遭受痛苦时，请记住，这没有什么好羞愧的，它不会降低你的主导智慧，也不会阻止你为了共同利益而理性行事。在大多数情况下，你应该从伊壁鸠鲁的那句话中得到帮助，那就是，痛苦永远不会是无法忍受或没有尽头的，所以你可以记住这些极限，而不是在你的想象中添枝加叶。

——马可·奥勒留《沉思录》, 7.64

1931年，温斯顿·丘吉尔（Winston Churchill，1874—1965）在前往纽约的旅途中，被一辆时速超过30英里的汽车撞倒在路边。他在医院度过约8天时间，肋骨断裂，头部受了重伤。

丘吉尔不知何故保持了清醒。他在警察面前竭力坚持认为这完全是他自己的责任，不希望司机受到伤害。后来，当丘吉尔听说来看望他的司机失业时，他想给他一些钱。除了自己的痛苦，他更担心这起事故的曝光会影响这名男子的就业前景，并尽自己所能试图帮助他。

他后来在一篇关于这次经历的报纸文章中写道:“大自然是仁慈的，无论是人还是兽，都不会超越自己的能力去考验她的孩子。只有当人类的残忍介入时，地狱般的折磨才会出现。其余的人则过着危险的生活，既来之则安之，别害怕，一切都会好起来的。”

在未来的岁月里，丘吉尔和全世界将目睹人类所能引起的一些地狱般的折磨。然而，他和我们的许多祖先一样，也承受了那种痛苦。尽管很可怕，但最终一切都会好起来的。因为正如伊壁鸠鲁所说，没有什么是无止境的，你只需要足够坚强和仁慈来度过这段时间。

9月19日
意志的灵活性

记住，改变你的想法并听从别人的纠正是与自由意志相一致的。因为行动是你一个人的，所以保持你的冲劲儿和判断力以及你的智慧，一起去实现它的目的。

——马可·奥勒留《沉思录》, 8.16

当你下定决心做一件事时，你总是坚持到底吗？如果你做到了，这将是一个令人印象深刻的壮举。但不要让自己成为那种决心的囚徒，总有一天，这些资产可能会变成负债。

条件变化了，新的事实出现了，情况出现了。如果你不能适应它们，如果你只是继续前进，无法根据这些额外的信息进行调整，那么你并不比一台机器人好多少。关键不是要有钢铁般的意志，而是要有一种适应力强的意志，而这种意志充分利用理性来阐明感知、冲动和判断，以便为正确的目标有效地行动。

改变和适应并不软弱，灵活性本身就是一种力量。事实上，这种灵活性和力量的结合，将使我们更具韧性、不可阻挡。

9 月 20 日
生活不是一场舞蹈

生活的艺术更像摔跤而不是舞蹈，因为艺术的生活需要准备好迎接和抵御突如其来的袭击。

——马可 · 奥勒留《沉思录》, 7.61

舞蹈是生活的一种流行隐喻，一个人必须柔韧敏捷，并与音乐相伴，一个人必须和他的伴侣一起感受、跟随和流动。但任何尝试过做一些困难的事情的人，在有竞争或对手的地方，都知道舞蹈的隐喻是不够的。从来没有人站在舞台上试图对付一个舞者，舞蹈演员从来不会被对手扼杀。

另外，对一个摔跤手来说，逆境和意外是他们所做事情的一部分。他们的运动是一场战斗，就像生活一样。他们在与对手战斗的同时，也在与自己的局限、情绪和训练做斗争。

生活就像摔跤，需要的不仅仅是优雅的动作。我们必须经过艰苦的训练，培养不屈不挠的精神，哲学是我们磨砺意志和坚定决心的钢铁。

9月21日
保持镇定，保持控制

当情况似乎迫使你陷入完全的混乱时，你要迅速控制住自己，不要在不必要的节奏之外停留太久。如果你不断地回归节奏，你就能保持节奏。

——马可·奥勒留《沉思录》，6.11

我们有时会猝不及防，不仅仅是“黑天鹅”式的事件（指非常难以预测，且不寻常的事件，通常会引起市场连锁负面反应甚至颠覆——译者注），还有恐怖袭击或金融恐慌，还包括小的、意想不到的事件。你的汽车电瓶没电了，你的朋友在最后一分钟取消了约会，你突然感觉不舒服，这些情况使我们陷入困窘和混乱。我们对世界做了一个设想，并在这个设想的基础上制订了计划。现在这一设想已经崩溃，我们的组织或理解也可能崩溃。

那很好！它会发生的。一队步兵将面临残酷的攻击，关键是他们不允许混乱来指挥。音乐家会遇到技术上的困难，有时会失去自己的位置。在这两种情况下，重要的是他们要尽快回到原位。

今天你也一样。秩序与和平可能会被一种新的情况打断。好的，控制你自己，找到你回来的路。

9 月 22 日
耕耘与收获

困难可以展示一个人的性格，因此，当你面临挑战时，请记住，上帝正在为你安排一位年轻的陪练员，就像一位体能教练一样。为什么？需要流汗才能成为奥运选手！我认为没有人比你的挑战更有挑战性，只要你像运动员一样使用它，就像那个年轻的陪练员一样。

——爱比克泰德《哲学谈话录》, 1.24.1 – 2

斯多葛哲学家喜欢用奥运会的隐喻，尤其是摔跤。和我们一样，他们把运动看作是一种有趣的消遣，同时也是一个训练场地，为一个人在生活中不可避免地要面对的挑战而训练。正如道格拉斯 · 麦克阿瑟（Douglas MacArthur，1880—1964）的名句，这句话后来刻在西点军校的体育馆里：

在这片友好竞争的土地上播下种子，在其他的土地上，在以后的日子将结出胜利的果实。

每个人都发现自己被对手打败了，被某些我们没有的技能或特质所挫，身高、速度、视力等。我们选择如何回应这种挣扎，告诉我们，我们是什么样的运动员，将成为什么样的人。我们会认为这是一个学习和变得更强的机会吗？会感到沮丧和抱怨吗？或者更糟的是，我们是否会放弃它，去寻找一个更容易的比赛，一个让我们感觉良好而不是充满挑战的比赛？

伟大的人物不会回避这些对他们能力的挑战，他们追寻梦想，因为梦想不仅是伟大的衡量标准，也是通往伟大的道路。

9月23日
最安全的堡垒

记住，当你的支配理性集结并相互依赖的时候，它就变得不可征服，因此它不会做任何违背自己意愿的事情，即使它的立场是非理性的。如果它的判断谨慎而理性，还有多少是不可征服的呢？因此，从激情中解放出来的心灵是一座牢不可破的堡垒，一个人没有更安全的避难所。

——马可 · 奥勒留《沉思录》, 8.48

李小龙曾经说过一句有趣的话 :“我不怕一个人曾经踢过一万种腿法，但我怕一种腿法踢过一万次。”当我们如此频繁地重复一个行为，它就会变成无意识的行为，可以不加思考地默认它。

武术或格斗训练是对动作的深入细致的研究。我们有时认为士兵是机器人，但实际上他们建立的是一种稳定的无意识行为模式，任何人都可以创造这些。

当马可说一个大脑可以达到“即使它的位置是非理性的，它也不会做任何违背它自己意愿的事情”的时候，他的意思是适当的训练可以改变你的默认习惯。训练自己放弃愤怒，你就不会对每一个怠慢感到愤怒。训练自己远离流言蜚语，你就不会被卷入其中。训练自己养成任何习惯，你就能在困难时期不知不觉地养成那个习惯。

如果可以的话，想想你希望自己能够默认哪些行为，哪些行为只练习过一次？今天练习两次。

9 月 24 日
这可能发生在你身上

出其不意会加重灾难的程度，意外惊讶也会增加一个人的痛苦。因此，我们不应该有任何意外。我们的思想应该提前考虑到所有的事情，我们不应该只考虑事情的正常进程，而是实际可能发生的事情。因为生活中有什么东西，只要让她高兴，运气就不会溜之大吉？

——塞涅卡《道德书简》, 91.3a－4

公元64年，尼禄统治时期，罗马城发生了一场大火，法国里昂市捐赠了一大笔钱救助受害者。第二年，里昂的居民突然被他们自己的一场悲剧性的大火袭击，尼禄因此也向受害者送去了一笔同样数目的钱。正如塞涅卡在写给朋友的一封关于这件事的信中所说，他一定是被一座城市在帮助另一座城市的诗歌打动了，只是不久之后又遭遇了类似的灾难。

我们必须在头脑中为命运极端逆转的可能性做好准备。下次你向慈善机构捐款时，不要只想着你所做的善事，而是要花点时间考虑一下，也许有一天你自己也需要接受慈善捐助。

塞涅卡确实活在这句话里，写完这封信后一年左右，他就被诬告密谋反对尼禄。塞涅卡被判自己了结生命。如历史学家塔西佗（Tacitus，56—117）描述，塞涅卡最亲密的朋友们为这一判决哭泣和抗议。塞涅卡一再问他们："你们的哲学格言在哪里？还在准备这么多年的反邪恶研究？谁不知道尼禄的残忍？"塞涅卡知道这事也会发生在他身上，所以他做好了准备。

9 月 25 日
依赖的脆弱性

给我看看谁不是奴隶！一个是欲望的奴隶，另一个是贪欲的奴隶，还有一个是权力的奴隶，所有的人都是恐惧的奴隶。我能说出一个前执政官是一个小老妇人的奴隶，一个百万富翁是一个清洁女工的奴隶……没有比自我强加的奴役更可怜了。

——塞涅卡《道德书简》, 47.17

在某种程度上，我们都是瘾君子。我们沉迷于自己的日常生活，沉迷于咖啡，沉迷于舒适，沉迷于别人的认可，这些依赖意味着我们无法控制自己的生活——就是依赖。

爱比克泰德说："任何真正想要自由的人，都不会想要一些实际上在别人控制之下的东西，除非他们想成为奴隶。"我们沉迷的对象可以随时从我们身边移开，我们的日常生活可能会被打乱，医生可能会禁止我们喝咖啡，可能会陷入不舒服的境地。

这就是为什么我们必须在这些依赖关系变得太强大之前通过测试它们来让我们自己更强大，你能试着一天不穿这个或那个吗？你能节食一个月吗？你能忍住拿起电话并拨通那个号码的冲动吗？你洗过冷水澡吗？前几次之后就没那么糟了。你有没有开朋友的车，而你自己的那辆更好的车却在店里？真的那么糟吗？让自己不受对舒适和便利依赖的影响，否则有一天你的脆弱会让你屈服。

9 月 26 日
什么时间休息

没有学习的闲暇等于死亡。

——塞涅卡《道德书简》, 82.4

你应该休假。你努力工作，你牺牲，你强迫自己，是休息的时候了。乘坐一架飞机，入住一家酒店，然后前往海滩，但要把一本书夹在腋下（而不是一本垃圾海滩读物）。确保你像诗人一样享受你的放松，不是无所事事，而是积极地观察你周围的世界，全身心投入，更好地理解你在宇宙中的位置。时不时地请一天假，但不要停止学习。

也许你的目标是赚足够的钱，这样你就可以早点退休，对你有好处！但是退休的目的并不是过一种懒散的生活，也不是为了打发时间，尽管这可能很容易做到。更确切地说，它允许你去追求你真正的使命，因为一个大的干扰已经消失了。整天无所事事？观看数不清的电视节目，或者只是从一个地方旅行到另一个地方，这样你就可以在清单上划掉某个地方？那不是生活，也不是自由。

9月27日
繁荣将揭示什么

因为即使是和平本身也会提供更多的担忧理由，即使是安全的环境，一旦你的大脑受到惊吓，也不会给你带来信心，一旦它养成盲目恐慌的习惯，它就不能保证自己的安全。因为它并没有真正避免危险，它只是在逃跑。然而，我们背负着更大的危险。

——塞涅卡《道德书简》, 104.10b

有一句古老的谚语说，钱不会改变人，它只会让他们变得更真实。罗伯特 · 卡罗曾写道 :“它揭示出，权力不会腐败。”在某些方面，金融上的繁荣和个人的辉煌也是一样的。

如果你的大脑已经形成了一种特定的类型，以塞涅卡为例，就是恐慌的习惯，那么对你来说，事情有多好就无关紧要了。你还在为恐慌做准备，你的大脑仍然会发现需要担心的事情，你仍然会很痛苦。也许甚至更多，因为现在你会失去更多。

这就是为什么指望好运是愚蠢的。如果你只期望一件事，你可以期望性格的力量能够在好运中茁壮成长。或者更好的是，为那种性格和自信而努力。考虑每一个行动和每一种思想——把它们当作你坚不可摧性格的基石，然后努力使一言一行都以其自身的力量变得强大和重要。

9月28日
你的手中握着王牌

神只把支配一切最强大的能力，正确利用外部形象的能力置于我们的控制之下，而没有把其他任何东西置于我们的控制之下，这是多么恰当啊！仅仅是因为他们不愿意给我们更多吗？我想如果可能的话，他们会给我们更多，但这是不可能的。

——爱比克泰德《哲学谈话录》, 1.1.7－8

我们可以看着即将到来的一天，并绝望地看到所有我们无法控制的事情：其他人，我们的健康，温度，项目一旦离开我们的手，结果会怎样。

或者，我们也可以看着那一天，为我们能够控制的一件事而高兴：那就是决定任何事件意义的能力。

第二种选择提供了终极权力—— 一种真实而公平的控制形式。如果你能控制别人，别人难道不能控制你吗？相反，你被授予的是最公平、最有用的王牌。虽然你不能控制外部事件，但是你却保留了决定如何响应这些事件的能力，你控制着每一个外部事件对你个人的意义。

这包括现在你面前的难题，如果你处理得当，就会发现这张王牌已经足够了。

9 月 29 日
你的实际需求很少

没有什么能满足贪婪，但即使是很小的一部分也能满足本性。因此，被流放者的贫穷不会带来不幸，因为没有一个流放地如此贫瘠，以致不能为一个人提供足够的支持。

——塞涅卡《致赫尔维亚的告慰书》, 10.11b

反思一下你过去习以为常的东西是有益的。想想你的第一份薪水，当时看起来有多高。或者你的第一套公寓，有自己的卧室和浴室，还有你乐意在厨房里狼吞虎咽的拉面。今天，当你变得更加成功时，这些条件很难让你感到满足。事实上，你可能想要的比现在拥有的更多。然而就在几年前，这些微不足道的条件还不够，他们却感觉很棒！

当我们成功的时候，就往往会忘记了我们曾经是多么的强大。我们已经习惯了我们所拥有的，几乎相信没有它我们会死。当然，这只是安慰的谈话。在世界大战期间，我们的父母和祖父母只能靠配给汽油、黄油和电力勉强度日。他们过得很好，就像你拥有很少的物质资源时过得也很好一样。

记住今天，如果事情突然变糟，你也会没事的。你的实际需求很少，几乎没有什么事情会真正威胁到你的生存。想一想，然后相应地调整你的担忧和恐惧。

9 月 30 日
你不能碰我

如果你对我施暴，就会得到我的身体，但我的思想会和斯提尔波（Stilpo，前360—前280，古希腊麦加拉学派哲学家——译者注）在一起。

——芝诺，引自第欧根尼 · 拉尔修《名哲言行录》, 7.1.24

芝诺并不是在声称自己拥有神奇的力量，而是简单地说，虽然他的身体可能会受到伤害，但哲学保护了他的思想，是在他的老师斯提尔波的教导下培养出来的，斯提尔波的内心堡垒的大门永远无法从外部打开，只能自己投降。

看看“飓风”鲁宾 · 卡特（Rubin “Hurricane” Carter，1937—2014），这位被误判犯有杀人罪的拳击手，在监狱里待了近20年。他会说 :“我不承认监狱的存在。它对我来说并不存在。”当然，监狱确实存在，他的身体也在里面，但是他拒绝让自己的思想被它所控制。

你也有这种能力，希望你永远不会在暴力或严重不公的情况下使用这种力量。然而，在任何逆境之中，它就在那里。不管你的身体发生了什么，不管外面的世界给你带来了什么，你的大脑仍然可以保持哲学的状态。它是不可触摸的，在某种程度上，你也是。

10月

美德

10月1日
让美德闪耀光芒

> 一盏灯会发光，并保持它的光芒，直到它的燃料耗尽吗？为什么你的真理、正义和自我控制不能闪耀致你生命走的尽头？
>
> ——马可·奥勒留《沉思录》，12.15

塞涅卡重复赫拉克利特的话，他写道："我们凡人被点燃，然后被熄灭。"理性之光普照宇宙。不管你的灯芯是在长时间的黑暗之后第一次被点亮，还是在众所周知的长眠之前，都没有什么区别。

这就是你现在所处的位置，这是一个让美德闪耀的好地方，只要你存在，它就会继续闪耀。

10 月 2 日
最有价值的资产

聪明的人不会失去任何东西，这样的人把所有的东西都储存起来留给自己，但不留任何财富，他们自己的东西是牢固的，是受道德约束的，不是偶然的，因此不能增加或减少。

——塞涅卡《论智者的坚定》(*On The Firmness Of The Wise*), 5.4

有些人把钱投资于资产上，比如股票、债券、房地产等。另一些人投资于人际关系或成就上，他们知道自己可以利用这些东西，就像其他人可以从银行账户中提取资金一样容易。但塞涅卡说，第三种类型的人会投资于自己，成为一个善良而明智的人。

哪些资产不受市场波动和灾难的影响？在面对考验和磨难时，哪一种是最有弹性的？哪一个永远不会抛弃你？塞涅卡自己的生活就是一个有趣的例子。作为皇帝的朋友，他相当富有，但随着尼禄变得越来越精神错乱，塞涅卡意识到他需要离开。他向尼禄提出了一个交易：他愿意把自己所有的钱都给尼禄，并把尼禄所有的礼物都归还给他，以换取完全的自由。

最终，尼禄拒绝了这个提议，但塞涅卡还是离开了，相对平静地退休了。但是有一天，刽子手带着他们的追杀命令来了。在那一刻，塞涅卡依靠什么？不是他的钱，也不是他的朋友，虽然他们的本意是好的，但却给他带来了巨大的悲伤和哀痛，他依靠的是他的美德和内在的力量。

这是塞涅卡最艰难的时刻，也是最荣耀的时刻。

10月3日
相互依存的咒语

经常冥想宇宙万物之间的相互联系和相互依存的关系，因为从某种意义上说，所有的事物都是相互交织在一起的，因此彼此之间有一种亲切感——因为事物根据它们运动的张力、它们的共鸣和所有物质的统一性，将接踵而至。

——马可·奥勒留《沉思录》, 6.38

安妮·拉莫特曾经说过，所有的作家都是“汇入同一湖泊的小河流”，都在为同一个大项目做出贡献。尽管可悲的是，即使是在同一家公司里，人们也自私地忘记了他们在一起工作。许多行业也是如此。作为人类，我们都呼吸着流动的空气，死后流入同一个地方。

斯多葛哲学家一次又一次地提醒自己生命的内在联系，也许这是因为古希腊和古罗马的生活特别艰苦，动物和人在罗马竞技场被毫无意义地屠杀以取悦大众（斯多葛学派的著作中所哀叹的事件）。国家被征服后，其公民被卖为奴隶，用以扩张帝国（斯多葛学派的哀叹是徒劳的）。只有当我们忘记了我们与人类同胞和环境的关系时，这种残酷事件才有可能发生。

今天，花一点时间来记住，我们是交织在一起的，我们每个人在这个世界上都扮演着一个角色（好人、坏人或丑恶的人）。

10 月 4 日
人人为我，我为人人

对蜂群不利的东西，对蜜蜂也不利。

——马可 · 奥勒留《沉思录》, 6.54

斯多葛学派对“整体”（sympatheia）概念的内在解释是：“整体”是一个相互联系的宇宙，宇宙中的万事万物皆是更大整体的组成部分。马可 · 奥勒留是最早阐明世界主义概念的作家之一，他说他是世界公民，而不仅仅是罗马公民。

你是蜂群里的一只蜜蜂的想法提醒了我们这个观点。马可甚至在他后来的《沉思录》中提出了相反的观点，这样他就不会忘记：“不伤害社会的东西也不会伤害个人。”

只是因为对你有坏处并不意味着对每个人都有坏处，只是因为对你有好处并不意味着对每个人都有好处。想想那些大量做空经济的对冲基金经理吧，他们通过支持所有人以及所有其他事情的失败而获利。你想成为这样的人吗？适当的冲动，以及由此产生的正确行为，自然会带来整体的好处，而这正是智者唯一的好处。整体上明智的行为才是对个人有益的。

10月5日
话是不能乱说的

宁可失足，不可失言。

——芝诺，引自第欧根尼·拉尔修《名哲言行录》, 7.1.26

跌倒后你总能站起来，但要记住，说过的话永远无法收回，尤其是残酷和伤人的话。

10 月 6 日
互相照顾

向朋友表达爱意，庆祝他们的进步是与本性协调一致的，就好像这是我们自己的进步一样。因为如果我们不这样做，那美德只有运用我们的感知才能得到强化，它也将不再存在于我们心中。

——塞涅卡《道德书简》, 109.15

看着别人成功是最难做到的事情之一，尤其是当我们自己做得不好的时候。在我们这种以狩猎和采集为生的思维中，我们怀疑生活是一场零和游戏，一些人拥有的越多，其它人可能最终拥有的就越少。

但就像哲学的所有部分一样，同情心和无私也是一种惯例。正如塞涅卡所言，我们可以学会“为他们的所有成功而欢呼，为他们的每一次失败而动容”，这就是一个有道德的人所做的。

他们教会自己积极地为他人鼓励喝彩，即使是在自己付出代价的情况下，并把嫉妒和占有欲放在一边，你也可以这么做。

10 月 7 日
一个自私的好理由

做错事的人，就是对他们自己做错了事。不公正的人对他们自己也是不公正的，这使他们自己变得邪恶。

——马可 · 奥勒留《沉思录》, 9.4

下次当你做错事的时候，试着回忆它给你的感觉。很少有人会说：“我感觉棒极了！”

犯罪现场经常呕吐是有原因的，当他们让自己失去控制或复仇时，他们认为自己会感受到的不是宣泄，而是让自己生病。说谎时、欺骗他人时、欺负别人时，我们会有这种感觉。

所以，在你得到不义之财之前的那一刹那，问问自己：我对自己感觉如何？当你怀疑自己可能会被抓时，恐惧将涌上心头的那一刻真的值得吗?

自我意识和错误行为很少同时出现，如果你需要一个不做错事的自私理由，那就把自己和这些感觉联系起来，它们是一种强大的抑制因素。

10 月 8 日
更高级的乐趣

> 是的，能实现你的愿望真是太好了，但这难道不正是快乐让我们犯错的原因吗？相反，看看这些东西是否更美好——一个伟大的灵魂，自由、诚实、善良、圣洁。因为当你想到理解和认识的工作是多么稳当和轻松的时候，没有什么比智慧本身更令人愉悦的了。
>
> ——马可 · 奥勒留《沉思录》, 5.9

没有人会说快乐的感觉不好。

但今天，马可 · 奥勒留提醒你，正如他提醒自己一样，这些快乐很难与美德抗衡。性带来的多巴胺冲动是短暂的，一项成就所带来的自豪或观众的热烈掌声也是如此。这些快乐是强大的，但它们会逐渐消失，让我们想要更多。什么持续的时间更长（并且在我们的控制范围内）？智慧、品行、端庄和善良。

10月9日
制定标准并使用它们

当标准设定好后，就会对事物进行测试和权衡。

哲学的工作就是检查和坚持这些标准，但一个真正的好人的工作是在他们知道这些标准的时候使用它们。

——爱比克泰德《哲学谈话录》, 2.11.23－25

我们每天都在做出回应和反应，但很少有人真正停下来问：我要做的事情和我的信念一致吗？或者更好，这是我想成为的那种人应该做的事情吗？

活着的工作就是设定标准，然后坚持这点标准。当你刷牙、交朋友、发脾气、坠入爱河、教育孩子、遛狗的时候，所有这些都是达到设定标准机会。

不是我想做好事，那只是个借口。但是，我现在就在这个特殊的例子中做得很好。设定标准，坚持下去，就这些。

10月10日
尊重与正义

把过去抛诸脑后，让宏伟的设计满足未来，只有正确地引导现在，才能走向尊重和正义。尊重，这样你就会热爱你所得到的，因为自然把你们带到彼此身边。公正使你能自由地说出真相，不逃避，只按法律和事物价值的要求行事。

——马可·奥勒留《沉思录》, 12.1

乌卢斯·格列乌斯（Aulus Gellius，125—180）提到，爱比克泰德曾经说过："如果有人把这两个词放在心里，用心去管理和监督自己，他们就会过着完美无瑕、极其宁静的生活。这两个词是：坚持和抵制。"这是一个很好的建议。但是，什么样的原则应该决定我们坚持什么，应该抵制什么？

马可给出了答案，坚持尊重与正义，即坚持美德。

10月11日
诚信为本

当人们说他们打算“坦率地告诉你”的时候，这是多么的糟糕和欺诈。亲爱的朋友，你在忙什么？它不需要你的宣布，但很容易被看到，就像写在你的额头上，从你的声音中听到，在你的眼睛里一闪而过，就像爱人从他/她的眼神中看到的那样。简而言之，正直善良的人应该像一只臭山羊，你知道他们什么时候和你在一个房间里。

——马可·奥勒留《沉思录》, 11.15

我们以前都用过这样的短语：“我要在这里坦率地对你说……”“老实说……”恕我不敬，但是……不管表达是否空虚，它们都会提示问题：如果你必须用诚实或坦率的标志来开始你的谈话，那么你说的其他事情又说明了什么呢？如果你说你现在很诚实，这是否意味着你通常不诚实？

相反，如果你培养了一种诚实的生活和声誉，在这种生活和声誉中，诚实就像美国财政部的钞票一样有吸引力，就像合同一样明确、有力。它不仅能让你不必再去相信那些不那么谨慎的人，它还能让你成为一个更好的人。

10月12日
爱之永恒

希卡托说："如果你想被爱，我可以教你一种不需要任何毒品、药品或特殊咒语的爱情药剂，那就去爱吧。"

——塞涅卡《道德书简》, 9.6

1992年，芭芭拉·乔丹（Barbara Jordan，1936—1996）在民主党全国代表大会上发表演讲，谴责过去十年的贪婪、自私和分裂。人们已经做好了改变的准备，她问道："改成什么？把80年代的环境改变为一种致力于公共利益、公共服务、宽容和友爱的环境。爱，爱，爱。"

爱，爱，爱。为什么？因为，正如披头士乐队的歌词，"最终，你得到的爱等于你付出的爱。"不仅在政治上，不仅在宽容上，而且在我们的个人生活中也是如此，仇恨几乎没有任何帮助。然而，几乎每一种情况都因爱或共鸣、理解、欣赏而变得更好，甚至是在你与一些人对立的情况中。

谁知道呢，你也许会得到一些爱的回报。

10月13日
复仇是一道最好不要上桌的菜

为自己复仇的最好方法便是勿效法敌人。

——马可 · 奥勒留《沉思录》, 6.6

疗伤比从伤害中寻求报复好得多。复仇浪费了很多时间，让你遭受的伤害比第一次引发它的伤害要多得多。愤怒总是比伤害更持久，最好采取相反的做法，有人会认为踢骡子或咬狗是正常的行为吗?

——塞涅卡《论愤怒》, 3.27.2

假设有人对你很粗鲁，比如说，有人比你先升职，因为他们抢了你的功劳，或者做了不诚实的事情。人们很自然地会想：哦，世界就是这样运作的，否则总有一天我也会变成那样。或者最常见的：我要他们为此付出代价。除了这些，都是对不良行为最糟糕的反应。

正如马可和塞涅卡所写的，正确地回应实际上是最好的报复，是完全不进行报复。如果有人粗鲁地对待你，而你却粗鲁地回应，尽管你其他的什么也没做，但你却向他们证明了他们的行为是正当的。如果你遇到别人的不诚实和你自己的不诚实，你猜怎么着？你现在正在证明他们是对的——每个人都是骗子。

相反，今天，让我们寻求比那些让我们失望或伤害我们更好的事情，让我们努力成为我们希望其他人效仿的榜样，道德高尚和品行良好的人的生活是美好的。而做一个骗子，自私自利，觉得有必要给我们的同胞造成痛苦，这是很可怕的。

10月14日
不要生气，要帮助

一个人腋间有气味或患有口臭，或患有口臭，你会对他发怒吗？你发怒有什么用？用你的理性态度引发他的理性的态度，启发他，劝导他。如果他听你的话，你便可以治愈他，不需要愤怒或采取过激的举动。

——马可·奥勒留《沉思录》，5.28

飞机上坐在你旁边的那个人，是否是一个在你的空间里大声聊天、到处乱逛的人？是否是一个令你咬牙切齿、从灵魂深处憎恨的人，因为他们粗鲁、无知？在这种情况下，你可能会觉得你需要。

你知道，你可以礼貌地让他们停下来，或者制造一个要求换座位的小场景。我们宁愿生气、怨恨、内心愤怒，也不愿冒着尴尬的谈话风险，而这可能会帮助这个人，让世界变得更美好。我们不只是想让人们变得更好，我们期待事情奇迹般地发生，简单地让其他人改变，用我们愤怒的眼神让无礼之人无地自容。

而当你这样想的时候，你会怀疑到底谁是粗鲁无礼的那个人。

10 月 15 日
允许人们有疑惑

> 每件事都取决于你对它的设想，这取决于你自己。
>
> 你可以随心所欲地做出草率的判断，就像驾驶一艘船绕着岬角航行一样，你会发现平静的大海、晴朗的天气和安全的港口。
>
> ——马可 · 奥勒留《沉思录》，12.22

美国最高法院法官奥利弗 · 温德尔 · 霍姆斯（Oliver Wendell Holmes）曾经说过："即使是狗，也能区分被绊倒和被踢。"然而，如果曾经你不小心踩到你的狗，你知道的第一反应通常是吠叫、尖叫或咬紧牙关。在一瞬间，没有什么特别的，只有痛苦。然后它看到了你，听到了你抚慰的声音，然后又开始摇着尾巴。

一个有道德的人不会急于对别人做出判断，一个有道德的人会大方地承担责任：某事是个意外，有些人还不知道，但它不会再发生。这使生活更容易忍受，使我们更宽容。与此同时，设想是丑恶的，这是最草率的判断，会让一切变得更加难以忍受。

仔细考虑并适应你对他人的设想，你会发现，正如马克所说，大海更平静，天气更晴朗。

10 月 16 日
传播这些语言

> 有些有特殊头脑的人很快就能抓住美德，或将其植入自己的内心。但是，其他阴暗和懒惰的类型，受到坏习惯的阻碍，必须不断地清洗他们生锈的灵魂……如果我们把弱者置于哲学原则的关照下，他们就会得到帮助，就会从坏观点中解脱出来。
>
> ——塞涅卡《道德书简》，95.36－37

斯多葛学派不是福音派宗教，你没有义务去拯救任何人——如果一个灵魂对爱比克泰德或马可·奥勒留的教导一无所知，也不会有下地狱的危险。

但现在你已经学习和研究了一条更好的道路，你可以为他人服务。你可以与朋友或陌生人分享你的智慧或洞见——记住行为永远比说教更好。

每个人都应该受益于塞涅卡所说的“哲学原则”。如果你看到有人需要帮助，或者向你寻求指导，那就尽最大的努力提供帮助。

10 月 17 日
仁慈的好处

利益应该像埋藏的宝藏一样被保存起来，只有在必要时才会被挖掘出来……大自然要求我们善待所有人……哪里有人类，哪里就有善良的机会。

——塞涅卡《论幸福生活》(*On The Happy Life*), 24.2－3

今天你遇到的第一个人，路过的熟人或朋友，无论背景是积极的还是消极的，但都是一个显示善意的机会。或者正如不同的译者把塞涅卡的这句话理解为，这是一个获得利益的机会，为了你们俩，你可以试着去理解他们从何而来，你可以试着去了解他们是谁，他们需要什么，以及在他们身上发挥作用的是什么力量或冲动。你可以善待他们，让他们过得更好。

你遇到的第二个人如此，第三个人也是如此。当然，不能保证他们会回报，但这不是我们所关心的。和往常一样，我们将关注自己能控制的：选择以善意回应的能力。

10月18日
亦敌亦友

没有什么比狼和羊做朋友更糟糕的了，坚决避免虚假的友谊。如果你品行良好、坦率、善良，就应该表现在你的眼睛里，而不是逃避别人的注意。

——马可·奥勒留《沉思录》，11.15

很明显，一个人应该尽可能远离邪恶和言行不一的人，包括嫉妒的朋友，自恋的父母，不值得信任的伙伴。乍一看，马可·奥勒留提醒我们要远离虚假的朋友。

但如果我们把它反过来呢？相反，如果我们问自己对朋友做过多少次错事呢？归根结底，这就是斯多葛哲学的内容，不是评判别人的行为，而是评判我们自己的行为。

我们都曾经亦敌亦友，我们相处得一直很好——通常是因为这对我们有好处——但后来，在不同的公司，我们说出了真实感受，结交了新的朋友，但在别人真的需要我们帮助的时候却拒绝帮助。

这种行为有失我们的身份，下次你指责别人是一个坏朋友的时候，反思自己的行为。

10月19日
好习惯驱除坏习惯

> 因为习惯有着如此强大的影响，并且我们习惯于追求刺激，以获得和避免超出我们自己的选择，我们应该设置一个相反的习惯来抵制这一点，尽管外在确实不稳定，可以使用我们训练的反作用力。
>
> ——爱比克泰德《哲学谈话录》，3.12.6

当狗因为有人在门口而大声乱叫的时候，你能做的最糟糕的事情就是大喊大叫。对狗来说，你好像也在叫！当一只狗在逃跑的时候，再去追它是没有用的，现在就像你们都在跑一样。在这两种情况下，更好的选择是给狗一些其他的事情做：叫它坐下，让它去它的床上或狗窝，往另一个方向跑。打破常规，打断消极的冲动。

我们也一样，当坏习惯显露出来时，用一种相反的美德来抵消它。举个例子，假如你发现自己今天在拖延，就不要再拖延下去了。站起来散散步，让头脑清醒，然后重新开始。如果你发现自己在说一些负面的或难听的话，主动添加一些积极向上、美好的东西来修饰你的评论。

反对既定的习惯，利用训练的反作用力来获得动力和取得进步。如果你发现自己在锻炼或项目中走捷径，对自己说："好的，现在我要更进一步，或者做得更好。"

好习惯有驱除坏习惯的力量，我们都知道，习惯很容易养成。

10 月 20 日
美好生活的标志

> 在你生活的范围内，有证据证明，你从未在任何地方找到生活的艺术，无论是在逻辑上，还是在财富、名誉或任何放纵上，没有。那么它在哪里呢？做人性所要求的事。一个人如何做到这一点？原则是欲望和行动的源泉。什么原则？那些关心善与恶的人，他们相信，对一个人来说，除了创造正义、自制、勇敢和自由之外无善可言；除了摧毁这些东西之外无恶可言。
>
> ——马可 · 奥勒留《沉思录》, 8.1.(5)

生命的意义是什么？我为什么出生？我们大多数人都在这些问题上挣扎——有时是在年轻的时候，有时是在年老的时候。我们很少能找到方向，但那只是因为我们没有抓住重点。正如维克多 · 弗兰克尔在《人类对意义的探索》(*Man's Search for Meaning*) 一书中所指出的，这不是我们要问的问题。相反，是我们被问到这个问题，答案是我们的生活。

再多的旅行，再多的阅读，再聪明的智者，也无法告诉你想知道的东西。相反，你必须在你的行动中找到答案，在美好的生活中再现正义、自律、勇敢、自由和远离邪恶的不言自明的原则。

10月21日
诸位英雄，此时此地

人的行径好奇怪！不想赞美和他们生活在一起的同时代人，而是对未来几代人的赞美抱有很高的期望，他们从来没有见过或永远不会见到的人！这与你因前人未称赞你而感到沮丧并无二致。

——马可·奥勒留《沉思录》，6.18

埃及城市亚历山大，在亚历山大大帝踏足埃及2300年后，仍然以其创始人的名字命名。一个以你的名字命名了这么多年的城市，感觉会有多酷？知道人们还在叫你的名字吗？

我有一个想法：这并不酷。因为，像亚历山大一样，你会死的，你不知道你的名字是否能流传几百年。根据定义，没有人能够享受自己的遗产。

更糟的是，想想亚历山大为了实现他的目标所做的所有可怕的事情。他进行了一场毫无意义的战争，他的脾气很坏，甚至在一次酒后斗殴中杀死了他最好的朋友。他冷酷无情，是野心的奴隶。他真的那么令人钦佩吗？

与其浪费哪怕一秒钟的时间去考虑未来的人的意见，甚至那些还没有出生的人，不如把自己的每一点精力都集中在做你现在能做的最好的自己。做正确的事，就现在。遥远的未来无关紧要，做个善良、高尚、令人印象深刻的人，十分重要。

10 月 22 日
变得更好很容易，但在哪方面呢

有些人可能擅长击败对手，但这并不意味着他们更有服务精神或谦虚的态度，或更善于随机应变，或对他人更宽容。

——马可 · 奥勒留《沉思录》，7.52

自我修养是崇高的追求，大多数人甚至都不操心。但在那些这样做的人当中，虚荣和肤浅有可能破坏这一过程。你想要六块腹肌是因为你在挑战自己并致力于一个困难的目标吗，还是因为你想让别人对你刮目相看？你跑马拉松是因为想测试自己的极限，还是因为你想逃避家里的问题？

我们的意志不应该被导向成为一个身材完美的人，或者一个能讲多种语言，但又没有时间和别人相处的人。在体育比赛中获胜，却在努力成为一个好丈夫、好妻子、好父亲、好母亲、好儿子或好女儿的过程中失败，这有什么意义？让我们不要把在某些事情上做得更好和成为一个更好的人混为一谈，后者比前者更重要。

10月23日
展示你天生的品质

你没有敏捷的头脑可以令人称赞，这有什么关系呢。你有许多生来就有的品质，它们完全在你的控制之中，如诚恳、尊严、耐苦、避免纵乐、知足、慈爱、独立、节俭、严肃、谦逊。

——马可·奥勒留《沉思录》，5.5

我们很容易把责任归咎于我们所处的环境。一个人咒骂说他们生来不高，另一个人咒骂说他们不聪明，肤色不同，或者出生在不同的国家。从超级名模到普通模特，在这个星球上很难找到一个人，他们不认为自己至少在某些方面有缺陷。但无论你的缺陷是什么，记住，你可以培养出一些积极的品质，而这些品质并不依赖于遗传基因。

你可以选择诚实，你可以选择有尊严，你可以选择忍受，你可以选择快乐，你可以选择贞洁，你可以选择节俭，你可以选择善待他人，你可以选择自由，你可以避免传播谣言，你可以选择优雅。即使困难重重，你也能坚持下去。

老实说，这些努力和品质难道不是更令人印象深刻吗？

10月24日
善良的源泉

挖掘你的内心深处，因为只要你不断挖掘，就会有一口善良之泉随时准备喷涌而出。

——马可·奥勒留《沉思录》, 7.59

今天，我们可以期待好事降临，好消息、好天气、好运气，或者我们可以在自己身上找到它。善良不是通过邮件来传递的，你必须在自己的灵魂深处挖掘它。你会在自己的思想中找到它，然后用自己的行动去实现它。

10 月 25 日
两个任务

那么，是什么使一个人摆脱了障碍和自我决定呢？因为财富不会，高官、国家或王国也不会。相反，必须找到其他东西，就生活而言，它是关于如何生活的知识。

——爱比克泰德《哲学谈话录》, 4.1.62 - 64

人生有两项基本任务：做一个好人和从事你热爱的职业。其他一切都是浪费精力，浪费你的潜力。

那一个人应该怎么做呢？是的，这是个更难的问题。但是，我们从斯多葛学派那里看到的哲学使它足够简单：坚决避免分心、消极情绪和外部压力。问问你自己：只有我能做的是什么？在这个星球上，我有限时间的最好利用方式是什么？当情况需要的时候，试着做正确的事情。你希望别人怎样对待你，你就怎样对待别人。要明白，每一个小的选择、每一件小事都是实践这些重要原则的机会。

就是这样，这就是最重要的技能：如何生活。

10 月 26 日
三个部分

> 最优秀和最多的作家都断言哲学由三部分组成：道德、自然和理性。道德使灵魂井然有序；自然是彻底考察事物的自然秩序；理性问题是关于语言的正确含义，以及它们的安排和证明，以防止谎言潜入取代真理。
>
> ——塞涅卡《道德书简》, 89.9

追求道德、自然、理性的共同目标是帮助你拥有由理性支配的美好生活。

不是在未来，而是现在。

10 月 27 日
种瓜得瓜，种豆得豆

犯罪行为往往会回到他们的老师那里。

——塞涅卡《梯厄斯忒斯》, 311

具有讽刺意味的是，塞涅卡会让他的一个角色说出这句话。众所周知，塞涅卡多年来一直是尼禄皇帝的导师和顾问。有很多证据表明，塞涅卡实际上对这个精神错乱的年轻人产生了积极的道德影响，但即使在当时，塞涅卡的同时代人也觉得奇怪，一个哲学家竟然会对这样一个邪恶的人伸出援手，他们甚至用希腊语“tyrannodidaskalos”——暴君老师——来形容他。正如莎士比亚在《麦克白》(*Macbeth*) 中所言，“血淋淋的指令，一旦被传授，就会回到教授者的身上”，塞涅卡与尼禄的合作最终以学生杀害老师而告终。

当你考虑和谁一起工作，和谁一起做生意的时候，这是需要考虑的问题。如果你向客户展示如何做一些不道德或非法的事情，他们是否会在以后回报给毫无戒心的你呢？如果你给你的员工、同事、孩子树立了一个坏榜样，他们将来会背叛你或伤害你吗？俗话说，善有善报。因果报应是我们从东方引进的一个概念，与此类似。

塞涅卡为他对尼禄的教导付出了代价，一如古往今来的事实，他的虚伪无论能否避免，一定代价高昂，你们也会如此。

10 月 28 日
我们是天生的一对

找到一件远离尘世的东西远比找到一个完全与世隔绝的人容易得多。

——马可 · 奥勒留《沉思录》, 9.9.3

当然，马可 · 奥勒留和其他斯多葛哲学家并不熟悉牛顿物理学，但他们知道，上升之物必然下降。这就是他在这里使用的类比：我们与人类同胞的相互依赖比万有引力更强大。

哲学吸引了内向的人。对人性的研究可以让你意识到别人的缺点，并滋生出对别人的轻视。斗争和困难也是如此——它们使我们与世界隔绝。

但这些都没有改变我们，正如亚里士多德所说，我们是社会性动物，我们需要彼此。我们必须互相支持，我们必须互相照顾（并允许他人照顾我们作为回报）。假装不这样做违背了我们的本性，违背了作为个体的意义。

10月29日
性格就是命运

每个人都有自己的性格，但他们的官方角色却是随机指定的。你应该邀请一些人来你家吃饭，因为他们是值得的，其他人可能是应得的。

——塞涅卡《道德书简》, 47.15b

在招聘过程中，大多数雇主会考察应聘者的毕业学校，过去做过的工作，这是因为过去的成功可以预示未来的成功。但总是这样吗？有很多人是因为运气取得成功，也许是由于他们的父母，他们才进入牛津大学或哈佛大学。那么，如果一个年轻人没有机会创造业绩纪录呢？他们一文不值吗？

当然不是，这就是为什么性格是衡量一个男人或女人更好的标准。不只是为了工作，而是为了友谊、关系，为了一切。赫拉克利特有句格言："性格决定命运。"

当你想在生活中提升自己的地位时，性格是最好的杠杆，也许不是短期的，但肯定是长期的，你邀请的人也一样。

10 月 30 日
谁拿到了最大份

你难道不觉得可惜吗？把生命的剩余部分留给自己，把不能用于事业的时间留给智慧。

——塞涅卡《论生命之短暂》, 3.5b

在他的一封信中，塞涅卡讲述了一个关于亚历山大大帝的故事。显然，当亚历山大征服世界的时候，某些国家会把领土割让给他，以换取他不要来犯。塞涅卡写道，亚历山大会告诉他们，自己来到亚洲，不是为了接受他们给他的任何东西，而是他们将不得不接受自己留给他们的东西。

塞涅卡认为，我们应该在生活中以同样的方式对待哲学。哲学不应该接受其他工作留下的时间和精力，相反，只有当我们的学习结束后，才优雅地为那些其他的追求腾出时间。

如果我们追求的是真正地自我提升，为什么要把阅读留到熄灯睡觉前的几分钟呢？为什么我们会在一天当中把8到10个小时的时间都浪费在办公室或开会上，却没有时间去思考重大问题呢？一般人每周都能挤出28个小时看电视，但如果问他们是否有时间学习哲学，他们可能会告诉你自己太忙了。

10 月 31 日
你生来就很好

人类生来就有向美德倾斜的倾向。

——墨索尼亚斯 · 鲁弗斯《讲课》, 2.7.1 – 2

几个世纪以来，原罪的概念一直压在人类身上。事实上，我们生来就是要互相帮助，善待彼此，否则我们就不会作为一个物种存活下来。

在斯多葛哲学中，几乎没有一种思想不会立刻引起孩子们的兴趣，或者不符合常识。其中的思想触及我们是谁以及我们知道什么是真实的核心，它们唯一冲突的是社会的各种发明——这些发明通常服务于一些自私的利益，而不是造福于公共利益。

你生来就是好人，鲁弗斯说："我们所有人都是天生的，所以我们可以远离错误，高贵地生活，不是说一个人可以，另一个人不能，而是所有人。" 你天生就对美德和自律感兴趣，如果你已经远离了这一点，那并不是由于天生的腐败，而是由于错误的东西和错误的想法的培养。正如塞涅卡所指出的，哲学是一种工具，它可以把一切剥离，让我们回归自己真正的本性。

11月

接受并热爱生活

11月1日
接受发生的一切

不要期望每件事都能如你所愿，而是希望一切都按照实际发生的方式发生，这样你的生活就会过得很好。

——爱比克泰德《指南》, 8

如果你有两种品质，完全了解每种情况下实际发生的事情和拥有感恩之情，那你会更容易接受、赞美每件可能发生的事情。

——爱比克泰德《哲学谈话录》, 1.6.1 – 2

发生了一些我们希望没有发生的事情，以下哪一个最容易改变：我们的观点还是过去的事情?

答案是显而易见的，接受已经发生的事情，改变你希望它没有发生的愿望。斯多葛学派将此称为"默许的艺术"，接受而非抵触每一件小事。

而最有经验的斯多葛哲学家则更进一步，他们不是简单地接受已经发生的事情，而是敦促我们真正享受已经发生的事情，不管是什么。许多世纪后，尼采创造了一个完美的方式来表达这一观点："amor fati"（热爱命运）。这不仅仅是接受，而是热爱所发生的一切。

对已经发生的事情抱有希望是避免失望的一个聪明的方法，因为没有任何事情与你的愿望相反。但对所发生的一切心存感激，去爱，这就是幸福和快乐的秘诀。

11 月 2 日
把愿望与未来绑在一起

> 但我从来没有被我的意志所阻碍，也没有被它所强迫。这怎么可能呢？我已把我的选择与上帝的意志联系在一起。上帝要我生病，这是我的意愿。他希望我有所选择，我也一样。他希望我有所追求，或者赐予我一些东西，我也希望如此。上帝不愿做的事，我也不愿做。
>
> ——爱比克泰德《哲学谈话录》, 4.1.89

诺曼底登陆前夕，德怀特 · 艾森豪威尔（Dwight D. Eisenhower，1890—1969）将军给妻子写信，他告诉她："我们能想到的一切都已经做了，士兵都很棒，每个人都在尽自己最大的努力，答案就在神灵的掌控之中。"他已经做了他所能做的一切——现在，将会发生的事情马上会发生，正如爱比克泰德所说，他已经准备好承担这一切。事实上，艾森豪威尔当晚又写了一封信，并准备在登陆失败时将其公之于众。如果失败是上帝、命运、运气或任何你想叫的东西，那么他在意志上已经准备好了。

这是很好的一课。在希望全世界都能知道、组织最娴熟、计划最周密的登陆前夕，这个掌管着也许是世界上最强大的军队的人是谦卑的，他知道最终的结果属于比他更伟大的人或事。

我们所有的事业都是如此。无论我们做了多少准备，无论我们多么熟练或聪明，最终的结果都在上帝的掌握之中。我们越早知道这一点，就会做得越好。

11月3日
遵从医嘱

就像我们听说，“医神曾为某人开处方，要他练习骑马，或洗冷水澡，或赤足走路。”同样我们晔可以说，自然之道曾为某人开处方，要他生病，或肢体不全，或遭受其他形式的伤害。前者的意义是指定某人要如此做，有助于他的健康；后者的意义则是每个人的遭遇都是命中注定，适合他的命运。

——马可·奥勒留《沉思录》, 5.8

斯多葛哲学家是类比的大师，他们把类比作为一种工具来帮助他们加强推理。

在这里，马可观察到，如果我们听从“医生的命令”这句神奇的话，我们会多么心甘情愿地忍受不愉快。医生说你必须吃这种难吃的药，你一定要吃。医生告诉你，你必须像蝙蝠一样倒挂着睡觉。你会觉得自己很傻，但很快你就会开始摇摆不定，因为你认为这会让你变得更好。

另外，当涉及外部事件时，如果发生任何与我们计划相反的事情，我们会拼命战斗去反抗。但是，马可问道，如果这些与计划相违背的事和医生给我们开的药物一样，是对我们有好处的呢?

好吧，如果呢?

11 月 4 日
不好，也不坏

过程中发生的变化算不上恶，依赖结果发生的变化亦算不上善。

——马可 · 奥勒留《沉思录》, 4.42

当人们说改变是好事的时候，通常是想让别人（或自己）放心。因为我们本能地认为改变是坏的，或者至少会怀疑它。

斯多葛哲学家希望你把这些标签都去掉。改变不好，现状还不错，情况就是这样。

记住，事件是客观的。说一些事情是好或坏只是我们的意见（因此值得反对或争取），更好的态度是什么？决定充分利用一切。但要做到这一点，你必须首先停止与发生的一切对抗。

11月5日
更强大的力量

这正是构成快乐之人的美德和流畅生活的要素，生活的事务，在各个方面都是以个人的神圣精神和宇宙主宰的意志协调一致为基础的。

——克利西波斯，引自第欧根尼·拉尔修《名哲言行录》，7.1.88

在经历十二个步骤的过程中，许多瘾君子在第二阶段中挣扎得最厉害：承认有一种更强大的力量。瘾君子经常会和这个作斗争。起初，他们声称这是因为他们是无神论者，或者因为不喜欢宗教，或者因为不明白宗教为什么重要。

但他们后来意识到这只是入迷的谈话，这是自私和自利的另一种形式。这一步的实际语言很容易让人接受："我们开始相信，一种比我们自身更强大的力量能够让我们恢复理智。"随后的步骤要求瘾君子屈服，然后放手。第二步与"上帝"的关系要小于其他步骤，就是放手。它是关于与宇宙协调，抛弃我们处于宇宙中心的观念。

难怪对经历十二步步骤的人来说，斯多葛哲学家很受欢迎。很明显，这种智慧对我们所有人都是有益的。你不必相信有上帝在指导宇宙，你只需要停止相信你就是那个导演。一旦你可以从这个角度思考，你的生活就会变得更容易、更快乐，因为你已经放弃了最强大的瘾：控制。

11月6日
谁在纺织你的命运之线

如果破晓时分看到有人得意扬扬，夜幕降临的时候会看着他们被打倒。

任何人应过度相信胜利，也不应放弃尝试改善的希望。

克洛索（Clotho）将其中一种与另一种混在一起，阻止了命运休息，让每一种命运都在旋转。

没有人得到如此多的神恩，可以保证自己的明天会怎样度过。

上帝让我们的生活继续向前，在旋风中旋转。

——塞涅卡《梯厄斯忒斯》，613

小说家科马克·麦卡锡（Cormac McCarthy，1933— ）住在一家汽车旅馆的房间里，突然听到有人敲门。是信使给他送消息来了，他获得了麦克阿瑟“天才”奖和25万英镑。意外事件可能是好事，也可能是坏事。

谁能想到这样一个意想不到的转折呢？克洛索是希腊三位命运女神之一，除了她，还有谁能“纺织”人类的生命之线？对古人来说，她决定了我们生活的进程，有好有坏。正如剧作家埃斯库罗斯（Aeschylus，前523—前456）所写：“当诸神派来邪恶时，人们无法逃脱。”伟大的命运和好运也是如此。

他们的逆来顺受的态度在今天看来也许很奇怪，但他们明白谁才是真正的主人（不是他们，不是我们）。再多的成功，再多的困难，都不是确定的，也不是永远的。胜利变成了考验，考验变成了胜利。生活瞬息万变。

11 月 7 日
如何变得强大

> 不要相信你的名声、金钱或地位，而要相信你自己的力量，也就是你对你能控制和不能控制的事情的判断。因为只有这样，我们才能获得自由和不受约束，才能从深渊抓住脖子把我们拉上来，使我们与有钱有势的人对视。
>
> ——爱比克泰德《哲学谈话录》，3.26.34 – 35

在史蒂文·普莱斯菲尔德关于亚历山大大帝的经典小说《战争的美德》（*The Virtues of War*）中，有一幕是这样的：亚历山大来到一个河流交汇处，遇到了一位拒绝撤离的哲学家。亚历山大的一个手下喊道："这个人征服了世界！你做了什么？"哲学家满怀信心地回答说："我已经征服了征服世界的需求。"

我们知道，亚历山大确实与这位犬儒学派哲学家第欧根尼发生了冲突，第欧根尼以拒绝社会所珍视的东西而闻名，并由此延伸出亚历山大的自我形象。正如在普莱斯菲尔德虚构的遭遇中，在第欧根尼与亚历山大的真实对抗中，哲学家比强大的人更有力量，因为与亚历山大不同，第欧根尼的欲望更少。他们能够看着对方的眼睛，看谁真正控制了自己，谁获得了真正持久的力量所需要的自我控制。

你也可以。这只意味着专注于获得内在的力量，而不是外在的。正如曾身为奴隶的普布里乌斯·西鲁斯所说："你会有一个伟大的帝国吗？首先统治自己！"

11月8日
戏剧演员

记住，你是一出戏中的演员，按照剧作家的意愿扮演一个角色，如果是一个短剧，你的角色就很短；如果是一个长剧，你的角色就很长。如果他希望你扮演乞丐，那就把这个角色演好，就像你扮演一个跛子、老板或普通人一样。因为这是你的责任，好好履行分配给你的职责。而选角，由别人说了算。

——爱比克泰德《指南》，17

马可·奥勒留不想当皇帝，他不是一个寻求公职的政治家，也不是真正的皇位继承人。从他的书信和历史中我们可以看出，他真正想要的是成为一名哲学家。但是罗马的权贵们，包括哈德良皇帝，在他身上看到了一些东西。为了获得权力，马可被收养，并被安排继任皇位，因为他们知道他能处理好这件事。马可对分配给自己的角色做了大量的工作。

我们在生活中的位置就像掷色子一样随机。有时候我们得到了想要的机会，有时我们会被给予幸运的假期，但对我们来说，这就像是一种负担。

斯多葛哲学家提醒我们，无论今天或在生活过程中发生了什么，无论在智力、社会或物质的范围内处在什么位置，我们要做的，不是抱怨或哀叹我们的困境，而是尽己所能接受它并实现它。而且这个舞台的历史充满了小角色的故事，这些小角色逐渐变成主角，其创造的难忘的角色会在未来的改编中得到拓展。但即使这样，也要从接受和理解开始，并渴望在分配给我们的任务中出类拔萃。

11月9日
万物皆流动

宇宙即变化。人生即主观。

——马可·奥勒留《沉思录》, 4.3.4b

普鲁塔克在《忒修斯的生活》(*Life of Theseus*)中，描述了雅典英雄忒修斯的船是如何被雅典人民保存了好几个世纪，并使其处于战备状态的。每当一块木板腐烂，它就会被替换，直到最后里面的每根木头都被替换掉。普鲁塔克问道：这是忒修斯的船，还是一条新船?

在日本，某处著名的神社每23年重建一次，它经历了60多次这样的重建。它是一座有1400年历史的神社，还是连续60个神社？即使是美国参议院，考虑到它的交错选举，可以说从来没有完全翻修。它和乔治·华盛顿时期形成的主体是一样的吗?

我们对事物的理解只是一个快照，一个短暂的观点。宇宙处于不断变化的状态，生命的新陈代谢，新的记忆取代了旧的记忆。每个人、每件事都处于流动的变化之中，包括我们认为最神圣的东西。

11 月 10 日
总是相同的

> 想想维斯帕先时代的例子，你会看到所有这些事情：结婚、抚养孩子、生病、死亡、战争、节日盛宴、商业、农业、奉承、假装、怀疑、阴谋、诅咒别人去死、抱怨自己的命运、坠入爱河、积累财富、贪图权位。现在他们的生命已逝……图拉真（Trajan，53—117，罗马皇帝）的时代已逝，一次又一次地逝去……
>
> ——马可·奥勒留《沉思录》，4.32

海明威在他的《太阳照常升起》（*The Sun Also Rises*）一书的开篇引用了圣经中的一段话："一代过去，一代又来，唯有大地永远长存。日头出来，又落下，又回到它升起的地方。"他的编辑说，正是这段话"包含了古代世界的所有智慧"。

这是什么智慧呢？历史上最引人注目的事情之一就是人类长久地从事他们所做的工作。虽然某些态度和做法反反复复，但人类仍旧是活着的、垂死的、爱的、斗争的、哭泣的、欢笑的。

令人窒息的媒体报道或流行书籍常常让人相信，我们已经达到了人生的顶峰，或者说，这一次，事情真的不一样了。具有讽刺意味的是，几个世纪以来，人们一直相信这一点。

坚强的人抵制这样观点，它们知道，除了极少数的例外，现在的一切与过去、将来一样。你与在你之前来的人，以及在你之后接踵而至的人一样。我们来去匆匆，而脚下的土地永存。

11 月 11 日
问题是我们如何理解它

当你被一件外部事情困扰时，困扰你的不是事情本身，而是你对它的判断，你可以在接到通知后立即将其清除。

——马可 · 奥勒留《沉思录》, 8.47

想象一下你曾梦想过的政治生活，你很年轻，充满活力，在你的职业生涯中，你担任过越来越重要的职位。然后到了39岁，你开始感到精疲力竭。医生告诉你，你患了脊髓灰质炎，你的生活将彻底改变。你的职业生涯结束了，对吗?

这是富兰克林 · 德拉诺 · 罗斯福的故事，现在人们广泛认为他是美国最伟大的政治领袖之一。他在中年时被诊断出患有脊髓灰质炎，之前他花了数年时间为总统竞选做准备，并梦想着成为总统。

如果不理解这种缺陷，就不可能理解罗斯福。“从外在来看”，他残废了，这是一个字面上的事实，但他的判断是，这并没有摧毁他的事业或人格。尽管他肯定是当时一种无法治愈的疾病的受害者，但他几乎立即抹去了受害者的心理。

我们不要把接受和被动混为一谈。

11 月 12 日
强者承担责任

如果我们只根据自己选择的力量来判断事物的善与恶，那么就没有理由去指责或敌视他人。

——马可 · 奥勒留《沉思录》, 6.41

美国总统哈里 · 杜鲁门（Harry Truman，1884—1972）的办公桌上有块牌子，上书：责任到此为止。作为总统，他比任何人都拥有更多的权力和控制力，他知道，无论好坏，除了他自己，没有人能让他为其他事情负责，没有人可以推卸责任。束缚就在那里，在总统办公室（Oval Office）里。

作为自己生活中的总统，我们知道自己的力量是以自己理性的选择开始和结束的，最好将这种同样的态度内化。我们不能控制这个范围之外的事情，但是可以控制我们对这些事情的态度和反应，这已经足够了。每天走进办公室，知道没有人可以推卸责任，这就足够了。责任是我们的。

11 月 13 日
不要抱怨，不要解释

> 不要再让别人听到你在抱怨公共生活，甚至连你自己的耳朵都不要！
>
> ——马可 · 奥勒留《沉思录》, 8.9

即使是最幸运的人也会抱怨，似乎我们越幸运，花在抱怨上的时间就越多。马可 · 奥勒留并非自己情愿做了罗马皇帝，就像你可能不情愿做一位会计师、儿童足球教练或律师一样。或者你可能总体上喜欢你的工作，但是你可以不用承担一些随之而来的责任。这种想法让你得到了什么？什么都没有，除了消极的心态。

这让人想起英国首相本杰明 · 迪斯雷利（Benjamin Disraeli，1804—1881）的一句格言："不要抱怨，不要解释。"他这么说，是因为和马可一样，他知道责任的负担是巨大的。你很容易抱怨这个或那个，或者为你所做的事情找借口和理由。但这并不能完成任何事情，而且它从来没有减轻负担。

11月14日
你选择了这个结果

他被送进了监狱。但观察到“他已经遭受了不幸”，是你自己加上去的。

——爱比克泰德《哲学谈话录》, 3.8.5b－6a

这是经典的斯多葛思想，正如你们现在所了解的。事件本身是客观的，我们如何描述它，如这件事不公平，或者这件事是一个巨大的灾难，或者他们是故意为之，但这应该取决于我们。

美国黑人领袖马尔科姆·艾克斯（Malcolm X，1925—1965）[当时名叫马尔科姆·利特尔（Malcolm Little）]曾以罪犯的身份入狱，但当他离开时却变成一个受过良好教育、笃信宗教、积极上进的人，他会为民权斗争提供帮助。他受了什么罪，还是他选择让自己的经历变得更有价值?

经历的一切并不是被动地接受，这是迈向自我完善的积极过程的第一步。

11 月 15 日
一切都是变化的

经常冥想，我们可以迅速地将一切存在和正在形成的事物扫除并带走。因为物质就像河流无休止地流动，它的活动不断变化，导致无穷无尽的变化，以至于几乎没有任何东西是静止不动的。

——马可 · 奥勒留《沉思录》, 5.23

马可从赫拉克利特那里借用了这个绝妙的比喻，他说 :“没有人会两次踏入同一条河。”因为河流变了，人也变了。

生活就在不断变化的状态中，我们也是这样。被事情搞得心烦意乱，就是错误地认为事情会持续下去。怨恨自己或责怪别人都是自找麻烦，怨恨改变就是错误地认为你在这件事上有选择的余地。

一切都在改变，拥抱改变，与改变一起流动吧。

11 月 16 日
希望和恐惧是一样的

> 赫克托说:“不再希望,你就不再会恐惧”……这两种弊病的主要原因是,我们没有让自己适应当前的环境,而是想得太远了。
>
> ——塞涅卡《道德书简》, 5.7b－8

人们通常认为希望是好的,而恐惧是不好的。对于像希卡托[(被人称作“罗德岛的希卡托”(Hecato of Rhodes)]这样的斯多葛哲学家来说,它们是一样的,都是对我们无法控制的未来的预测。两者都是你现在所处的这个时刻的敌人,两者都意味着你的生活与“热爱命运”背道而驰。

这不是关于克服我们的恐惧,而是理解希望和恐惧都包含着大量的渴望和担忧。遗憾的是,需求才是引起担忧的原因。

11月17日
不要评判

当哲学被人傲慢和固执地运用时，便是许多人毁灭的原因。让哲学祛除你自己的缺点，而不是用它来指责别人的缺点。

——塞涅卡《道德书简》, 103.4b – 5a

记住，在我们所做的所有事情中，哲学的正确方向是专注于内在的。让我们自己变得更好，让别人去完成他们自己的任务并进行他们自己的旅程。我们的错误在自己的控制之中，所以我们求助于哲学，把它们像藤壶（小甲壳动物，附着于水下岩石或船底等——译者注）一样从船身上刮下来。别人的缺点？并非如此，这是他们应该做的。

让别人承担他们的过错。在斯多葛哲学中，没有任何东西能让你去评判他们，只有去接受他们，尤其是当我们有这么多错误的时候。

11 月 18 日
斯多葛思想的四个习惯

我们的理性本性在它的印象中自由地前进，当它：
1）不接受任何虚假或不确定的东西；
2）只为共同利益导向而行动；
3）把欲望和厌恶限制在它力所能及的范围内；
4）拥抱大自然赋予它的一切。

——马可 · 奥勒留《沉思录》, 8.7

如果你注意的话，马可反复提醒自己什么是斯多葛哲学。这些要点对我们几千年后的阅读是有帮助的，但实际上它们确实对他起到了帮助的作用。也许那天他已经接受了一个坏印象，或者表现得很自私。也许他把希望寄托在自己无法控制的事情上，或者抱怨和反抗已经发生的事情。或者也许他已经有一段时间没有想过这些事情，想要一个提醒。

不管他的情况如何，也不管我们今天的情况如何，让我们按照以下四个关键的习惯来思考：

1. 只接受真实的东西。

2. 为公共利益而工作。

3. 将我们的需求和欲望与我们所能控制的东西相匹配。

4. 拥抱大自然为我们准备的一切。

11 月 19 日
三位智者的格言

面对任何挑战，我们都应持三种想法坐镇指挥：
追随神祇和命运的指引，
那是很久以前为我确定的目标。
我要跟随而不跌倒，即使我的意志
是软弱的，也必奋勇前行’。

————克里安提斯

凡是接受必然性的人，都被认为是智慧的，并善于处理神的事情。

————欧里庇得斯

如果诸神乐意，那就随它去吧。他们可能会杀了我，但不能伤害我。

——柏拉图的《克里托篇》(*Crito*）和《忏悔录》(*Apology*)

——爱比克泰德《指南》, 53

爱比克泰德编纂的这三句名言，向我们展示了跨越历史的智慧、宽容、灵活，以及最终接受的主题。克里安提斯和欧里庇德斯把天数和命运作为有助于人们接受的概念，当一个人相信有一种更大或更高的力量（无论是上帝还是神灵），那么就没有什么事情是与计划相反的。

即使你不相信神灵，你也可以从宇宙的各种规律，甚至生命的循环中得到一丝安慰。作为个体发生在我们身上的事情可能看起来是随机的、令人沮丧的、残酷的或无法解释的，但事实上，当我们的视角被缩小时，哪怕只是一点点，这些事情就变得非常有意义了。

今天我们来练习这个视角吧，假设每一件事，无论是想要的还是意想不到的，都是有意为你而发生的。

11 月 20 日
现在和从前一样

如果你看到了现在，你就看到了一切，从远古到永恒的将来的一切。因为发生的每件事都是相关的，同一来源。

——马可·奥勒留《沉思录》，6.37

今天将要发生的事情和过去一直发生的事情是一样的，人类生生不息，动物生生不息，云卷云舒，空气吸进呼出，就像几亿年来一样。现在这个时刻，套用爱默生的话，是过去和未来时刻的引文。

这一思想在基督教赞美诗《荣耀颂》（*Gloria Patri*）中得到了最完美的表达："就像刚开始一样，现在一样，永远一样，一直到世世代代。"这种想法不应该是令人沮丧或振奋的，这只是一个事实。然而，它可以产生镇静、定心的效果。没有必要激动，也没有必要如坐针毡。如果你以前没见过，别人肯定见过，这或许是一种安慰。

11 月 21 日
一次就够了，一次就是永远

好的东西不是随着时间的增加而增加的，但是如果一个人有哪怕是一瞬间的智慧，他的幸福不会比那些一生都在践行美德并快乐地度过一生的人少。

——普鲁塔克在《摩利亚》(*Moralia*) 中引用克利西波斯“反对斯多葛学派关于共同概念的说法”1062 (Loeb, p. 682)

也许智慧和幸福就像在奥运会上获得奖牌，无论你是在一百年前还是十分钟前获胜的，也不管你是只胜了一次还是在多个项目中获胜。不管别人是否打败了你，也不管你以后是否告别比赛。你将永远是一个奖牌获得者，你将永远记得获得奖牌的感觉。没有人能把这种感觉带走，这种感觉也无法复制、累加。

朱利亚德大学培养的演员埃文 · 汉德勒（Evan Handler，1961—　）不仅在急性髓细胞白血病中幸存下来，而且还患有严重的抑郁症，他谈到了他决定服用抗抑郁药的决定，他还特意服用了一段短暂的时间。他服用药物是因为他想知道真正的、正常的幸福是什么感觉。一旦他这么做了，他知道他会停下来，他可以像其他人一样回到挣扎中去。他一时有了理想，这就够了。

也许今天就是我们体验幸福或智慧的日子，不要试图抓住那一刻，并竭尽全力抓住它。你无法控制它能持续多久，享受它，认识它，记住它，拥有片刻就像拥有永恒一样。

11 月 22 日
玻璃杯已经碎了

运气总是落在那些意想不到的人身上。总是有准备的人才承受得住。

——塞涅卡《致赫尔维亚的告慰书》, 5.3

有一个故事，一位禅师有一个漂亮且珍贵的杯子。大师对自己说："玻璃杯已经碎了。"他喜欢这个杯子，他用它，他把它展示给游客看。但在他的脑海里，它已经破碎了。所以有一天，当它真的坏了，他只是说："果真如此。"

斯多葛学派也是这么想的，据说有一个关于爱比克泰德和一盏灯的真实故事。他从来不锁门，所以他那盏昂贵的灯被偷了。爱比克泰德换了一个更便宜的，如果它再被偷，他就不会那么依恋它了。

毁灭性打击是我们被一件事彻底击溃和震惊，是我们一开始就认为这件事不太可能发生。没有人会因为冬天下雪而崩溃，因为我们已经接受（甚至已经预料到）了事情的转变。那些让我们惊讶的事情呢?如果我们花时间去考虑它们的可能性，或许就不会那么震惊。

11 月 23 日
依恋是敌人

> 简而言之，你必须记住这一点——如果你在自己理性的选择之外拥有任何珍贵的东西，你将摧毁自己做出选择的能力。
>
> ——爱比克泰德《哲学谈话录》, 4.4.23

安东尼·德·梅勒曾言："若一件事且只有一件事会导致不快乐，那它的名字就叫依恋。"对一个人的形象的依恋，对财富和地位的依恋，对某个地方或时间的依恋，对工作或生活方式的依恋。所有这些事情都是危险的，原因只有一个：它们超出了我们理性的选择范围，我们不能控制它们持续多久。

正如爱比克泰德早于德·梅勒两千年就意识到的那样，依恋，使我们很难接受改变。一旦我们拥有了它们，我们就不想放手。我们成为维持现状的奴隶，我们就像《爱丽丝梦游仙境》(*Alice in Wonderland*)里的红皇后，为待在同一个地方而跑得越来越快。

但一切都在不断变化，有些东西我们拥有了一段时间，然后就失去了。唯一不变的是意志，我们理性选择的能力。我们所依附的东西可以来来去去，而选择是有弹性和适应性的。越早意识到这一点便越容易接受和适应已经发生的事情。

11 月 24 日
训练自己放下那些不属于你的东西

当你经历失去某样东西的痛苦时，不要把它当成你自己的一部分，而是当成一个易碎的玻璃杯，所以当它掉下来时，你会记住它，并不会感到困扰。同样，当你亲吻你的孩子、兄弟姐妹或朋友时，无论何时，不要把所有你可能希望的事情都寄托在那儿，而是拽住它们并加以阻止，就像那些站在胜利将军身后的人一样，要提醒他们，他们是凡人。同样地，提醒自己，你珍贵的人不是你的财产，而现在的某样东西，也不是永恒的……

——爱比克泰德《哲学谈话录》, 3.24.84 – 86a

在罗马大获全胜的时候，大多数公众的眼睛都会紧紧盯着胜利的将军，这是罗马时代最令人垂涎的地方之一。只有少数人会注意到后面的副官，就在指挥官身后，对着他的耳朵低声说：“记住，你是凡人。”在荣耀和胜利的顶峰听到这样的声音，这是一个多么重要提醒！

在我们自己的生活中，可以训练自己做那样的耳语人。当我们珍视某样东西或疼爱我们所爱的人时，可以悄悄告诉自己，它是脆弱的，爱人是会离开的。我们必须提醒自己，美好的事物是会破碎的，爱人也会死亡，一切都不是真正属于我们的。

损失是我们最深的恐惧之一，无知和自我欺骗不会让事情变得更好。一旦失去，便会更加痛心。

11月25日
真有趣

对于我来说，我会选择生病而不是奢侈，因为生病只会伤害身体，而奢侈会摧毁身体和灵魂，导致身体虚弱和无能，缺乏灵魂的控制并造成灵魂的懦弱。更重要的是，奢侈滋生贪婪，所以奢侈也滋生不公。

——墨索尼亚斯 · 鲁弗斯《讲课》，20.95.14 – 17

有关彩票中奖者的故事，往往有一个共同的教训：突然得到一大笔钱是一种诅咒，而不是一种祝福。在拿到巨额支票的几年后，许多彩票中奖者的财务状况变得更糟。他们失去了朋友、爱人。由于所谓的好运，他们的整个生活都变成了一场噩梦。

就像“金属乐队”（Metallica）的那首抒情歌谣［这句歌词也恰好出自名为“没有四叶草”（No Leaf Clover）的歌］：“然后你会发现，隧道尽头那抚慰人的光亮，不过一列货运列车在向你驶来。”

而癌症幸存者，那个经历过我们都害怕和恐惧的事情的人最常见的反应是什么呢？“这是发生在我身上的最好的事情。”

很有意思，不是吗？

11 月 26 日
没有区别的祭坛

我们就像许多香球落在同一个祭坛上，有些坍塌得早，有些坍塌得晚，但这没有什么区别。

——马可 · 奥勒留《沉思录》, 4.15

你和世界上最富有的人有什么不同？一个比另一个财富更多。你和世界上年龄最大的人有什么不同？一个比另一个存在的时间久。同样的道理也适用于与个子最高、最聪明、跑得最快的人的对比。

拿自己和别人比较会让我们很难接受，因为我们想要的是别人拥有的东西，或者我们想要的是事情可能会怎样发展，而不是我们碰巧拥有的东西，但这没有关系。

有些人可能认为马可的这句话很悲观，而另一些人则认为它很乐观。真正的事实是，我们都生活在地球，我们最终也都将离开这个地球，所以在此期间，我们不要为微小的差异而担忧，我们有太多的事要做。

11 月 27 日
戒掉消极的乐趣

摒弃并消除任何不愉快或外来的印象，立即在所有事情中获得安宁，这是多么令人满意啊！

——马可 · 奥勒留《沉思录》，5.2

斯多葛哲学家幸运地避免了当今社会普遍存在的信息超负荷，他们没有社交媒体，没有报纸，没有电视喋喋不休地来激怒他们。但即使是在那个时候，一个不守纪律的人也会发现有很多事情让他心烦意乱。

一部分斯多葛哲学思想是一种有教养的无知，普布里乌斯 · 西鲁斯的警句表达得很好："永远避开那些让你生气的东西。"这就意味着，把你的注意力从那些引起它的事情上移开。如果你发现在餐桌上讨论政治会导致争吵，那你为什么要一直提起它呢？如果你的兄弟姐妹的生活选择让你烦恼，你为什么不停地挑他们的毛病，让他们成为你的关注点呢？同样的道理也适用于其他许多导致严重的情况。

将令自己不愉快的问题拒之门外并不是软弱的表现，相反，这是坚强意志的表现。试着说："我知道自己在这种情况下通常会有什么反应，这次我不会那么做了。"然后是："我还打算在未来将这种消极的刺激从我的生活中移除。"

随之而来的是和平与宁静。

11 月 28 日
不是他们的错，是你的错

如果有人犯了错误，请纠正他们，并指出他们漏掉了什么。但如果你不能，那就怪你自己，或者谁也不要怪。

——马可·奥勒留《沉思录》, 10.4

一个好老师知道，当一个学生失败时，责任落在老师身上，而不是学生。如果我们能将这种理解扩展到生活中的其他领域，我们会变得多么慷慨和宽容？可能注意到，如果一个朋友不可靠，也许是因为他们不知道哪里出了问题，或者是因为我们没有试图帮助他们改正缺点。如果一个员工表现不佳，就和他们谈谈，或者看看他们是否缺乏支持。如果有人很烦人，试着和他们谈谈他们的行为问题，或者问问自己：我为什么这么敏感？

如果这招不管用，试着放手，这可能是一个孤立的事件。

11 月 29 日
你会没事的

不要为此感到悲伤，也不要烦躁。

——马可 · 奥勒留《沉思录》, 7.43

当事情发生时，我们会有这样的感觉：一切都结束了，全盘皆输。接下来是抱怨、怜悯和痛苦，对已经发生的事情无能为力的挣扎。

何苦呢? 我们不知道未来会怎样，我们不知道转弯处会发生什么。可能是更多的问题，也可能是黎明前的黑暗。

如果我们是斯多葛派学者，有一件事可以肯定：无论发生什么，我们都会没事的。

11 月 30 日
循着理性

在任何事情上都遵循理性的人会有闲暇和行动的准备，他们既快乐又沉着。

——马可 · 奥勒留《沉思录》, 10.12b

这个世界的主导思想，以神秘的方式运作，斯多葛学派称为“逻各斯”（logos，即“理性，理念”）。有时候，“逻各斯”给了我们想要的，有时则恰恰给了我们不想要的。无论如何，斯多葛哲学家认为“逻各斯”是统治宇宙的全能力量。

有一个有用的类比解释“逻各斯”：我们就像被拴在移动的马车上的狗，马车的方向决定我们去的地方。根据皮带的长度，我们也有相当大的空间去探索和决定前进的速度，但我们必须选择是自主前行，还是被痛苦地拖着走。

愉快地接受，还是无知地拒绝？最终，结果都一样。

12月

对死亡的沉思

12 月 1 日
假装今天就是末日

让我们做好思想准备，就好像已经走到生命的尽头。
什么也不要推迟。每天都平衡生活之书……
那些每天都为自己的生活画上最后一笔的人，时间从不短缺。

——塞涅卡《道德书简》，101.7b－8a

“把每一天都当作最后一天来过”是老生常谈了，但是，说的人很多，做到的却几乎没有。光说不练，合理吗？当然，塞涅卡并不是说因为世界末日即将来临，就把法律丢一边去纵酒狂欢。

就像即将出发去前线的士兵，不知道自己是否会回来，他们怎么做呢？

把事情安排妥当，处理好自己的事物，告诉孩子或家人：我爱你们。他们没有时间争吵或做琐事，第二天清晨，就准备出发了，希望能毫发无损地回来，但也为可能回不来做好了准备。

让我们今天以同样的方式生活吧。

12月2日
别理我，我只是慢慢地死去

让你的每一个行为，每一句话，每一个念头都像一个即将离开人世的人所发出来的。

——马可 · 奥勒留《沉思录》, 2.11.1

你有没有听过有人问：“如果明天发现自己得了癌症，你会怎么做？”设计这个问题的目的是让你思考，如果突然只剩几个月或几周的生命，生活会有多么不同，没有什么比绝症更能让人清醒了。

但问题是：你已经有了最终诊断。我们全都如此！正如作家爱德蒙 · 威尔逊所言：“死亡的预言，永不会错。”每个人生来就被判了死刑，过去的每一秒都将一去不复返。

一旦你意识到这一点，就会对你的行为、言语和思维产生深远的影响。不要让一天悄悄溜走，而对自己终将死去的现实一无所知。所有人都如此，今天就让我们不再伪装吧。

12月3日
哲学家是雕刻生死的工匠

哲学并不要求一个人拥有任何外在的东西，那样做超出了哲学的范畴。正如木头之于木匠，青铜之于雕刻家一样，我们自己的生活也是生活艺术中恰当的材料。

——爱比克泰德《哲学谈话录》，1.15.2

哲学并不是只适合学者或富人的一些无聊追求，相反，它是人类可以从事的最基本的活动之一。正如亨利·大卫·梭罗（Henry David Thoreau，1817—1862）在爱比克泰德的千年后所说，它的目的是帮助我们"解决生活中的问题，不仅是理论上的，还有实践中的"。这与西塞罗的名言恰好吻合："学哲学，就是学习如何向死而生。"

你读这些名言并做这些思维练习并不是为了好玩，尽管读这些是愉快的，帮助你放轻松，但其目的是帮助你塑造和改善你的生活。因为我们每个人都只有一次生命和一次死亡，所以应该像雕刻家对待每一次经历一样，用他的凿子去雕刻，如米开朗琪罗所说，一直雕刻到释放了大理石中的天使。

我们正在尽己所能去做这件难事，那就是生与死。要做到这一点，我们必须记住所学到的和赋予我们的睿智的话语。

12 月 4 日
那不属于你

任何可以被阻止、被带走或被胁迫的东西都不是一个人的，但那些不能阻止的东西是他们自己的。

——爱比克泰德《哲学谈话录》, 3.24.3

自然资源保护主义者丹尼尔·奥布莱恩表示，他并不“拥有”南达科他州数千英亩的水牛牧场，他只是住在那里，银行让他偿还抵押贷款。这是一个关于牧场经营的经济现实的笑话，但它也暗示了土地不属于一个人，它的寿命远比我们和我们的后代长得多。马可·奥勒留曾经说过，我们什么都不拥有，甚至连生命都是被保管的。

或许，我们会为了拥有一些东西而挣扎、奋斗，但是这些东西可以在一瞬间被拿走。同样的道理也适用于其他事情，我们认为是“我们的”但同样不稳定的东西包括：地位、身体健康或力量、人际关系等。除了我们之外，如果诸如命运、噩运、死亡等，在没有预先通知的情况下，就剥夺了我们的权利，又怎能说它们真正属于我们呢?

那么我们拥有什么呢? 只有生命，而且不会太久。

12月5日
清醒思考的益处

每天把死亡和流放，以及一切看起来可怕的事情，都放在你的眼前，这样做的话，你永远不会有卑劣的想法，也不会有过度的欲望。

——爱比克泰德《指南》，21

政治风向可能在瞬间发生变化，剥夺你认为理所当然的最基本的自由。或者，无论你是谁，无论你的生活有多安全，总有人会为了几美元抢劫甚至杀害你。

正如永恒的《吉尔伽美什史诗》（*Epic of Gilgamesh*）中所写：

人像藤丛中的芦苇一样遭人折断！

那个清秀的小伙子，那个漂亮的姑娘——

正值大好年华，死神却夺走了他们的生命！

死亡并不是我们可能遇到的唯一意料之外的干扰——我们的计划可能被成千上万的事情粉碎。如果你忽略了这些可能性，今天可能会更愉快一些，但会付出什么代价呢？

12 月 6 日
剑悬在你身上

不要表现得好像你注定会长生不老，宿命悬在你身上。只要你活着，只要你能活着，现在就做个好人。

——马可 · 奥勒留《沉思录》, 4.17

有一个古老的故事，一个朝臣轻视国王的王权。为了证明朝臣错了，国王安排与他交换位置，这样他就能体验当国王的滋味。国王做了另一项调整：他将一把剑悬在王位上方，以说明王位的危险和负担，以及对暗杀的持续恐惧。我们把那悬在空中的死亡和困难的提醒称为“达摩克利斯之剑”。

事实上，所有人头上都悬着一把类似的剑，也就是说生命随时都可能被夺走。这种威胁可以把我们推向两个方向，看你怎么选：要么害怕和恐惧它，要么用它来激励自己。做好事，做好人吧。因为剑悬在空中，没有什么其他好担心的。你愿意自己身陷可耻、自私的行为之中被“达摩克利斯之剑”扼住命运的咽喉，还是希望在憧憬美好未来时被它抓住?

12 月 7 日
掌握命运之手

> 以死去之人的身份，想想你到目前为止的生活，看看剩下什么，把剩下的作为奖励，然后按照自然规律去生活。爱那只命运之手吧，把它当成自己的，还有什么比这更合适呢？
>
> ——马可 · 奥勒留《沉思录》, 7.56 – 57

我们有一种非理性的恐惧，害怕承认自己的死亡，因为认为它会令人沮丧，所以逃避思考这个问题。事实上，反思死亡往往会产生相反的效果：让我们更有活力，而不是更悲伤。为什么？因为它让我们更清楚。

如果你突然被告知只剩一周的生命，你会做什么改变呢？如果你死了，但被人救活了，你的想法会有多大的不同呢？

正如莎士比亚笔下的普洛斯彼罗（Prospero）所言，若“每三分之一的思想都是我的坟墓”，就不会有被琐事或干扰之事缠住的危险。不要否认我们对死亡的恐惧，让死亡使我们成为最好的人。

12 月 8 日
不要隐藏你的感情

战胜悲伤总比欺骗它好。

——塞涅卡《致赫尔维亚的告慰书》, 17.1 b

我们都失去过亲密的人，或朋友，或同事，或父母，或祖父母。当我们沉浸在悲伤中的时候，一些善意的人尽他们最大的努力让我们忘记它，或者让我们转移注意力，花几小时思考其他事情。无论这些姿态多么友好，都具误导性。

人们对斯多葛哲学家有个刻板印象，认为他们压抑自己的情绪，但斯多葛哲学实际上是要教人们立即面对、处理和应对情绪，而不是逃避它们。尽管人们很容易欺骗自己或隐藏悲伤等强烈的情绪，告诉自己和其他人你很好，但充分认识和完全理解则更好。在短期内分散注意力可能是一件令人愉快的事情，比如，像罗马人那样参加角斗游戏。但从长远来看，专注则更好。

这意味着现在就面对它，处理和分析你的感受。除去你的期望，你的权利，你被冤枉的感觉。在这种情况下找到积极的一面，但也要忍受你的痛苦并接受它，记住这是生活的一部分，这就是战胜悲伤的方法。

12月9日
挥霍时间的人

> 如果历史上所有的天才都把注意力集中在这一单一的主题上，他们永远无法充分表达对人类心灵黑暗面的困惑。没有人愿意放弃哪怕一寸财产，与邻居哪怕是最轻微的争执也可能意味着地狱般的代价；然而，我们很容易让他人侵占自己的生活，更糟的是，还常常为那些将要接管我们生活的人铺平道路。没有人会把钱给路人，但是我们会把自己的生活分给多少人呢？我们在财产和金钱上都很吝啬，却很少想浪费时间这件事，在这一点上，我们都应该做最严苛的守财奴。
>
> ——塞涅卡《论生命之短暂》, 3.1 – 2

如今生活中有无穷无尽的干扰：电话、电子邮件、访客、意外事件。布克 · 华盛顿（Booker T. Washington，1856—1915）发现："愿意白白浪费时间的人不计其数。"

另外，哲学家知道他们的"默认状态"应该是一种反思和内在意识，这就是他们如此努力地保护自己的个人空间和思想不受世界侵扰的原因。他们知道，几分钟的沉思比任何会议或报告都有价值。他们也知道，在生活中，我们实际拥有的时间是多么少，而"储备时间"很快就会耗尽。

塞涅卡提醒我们，虽然我们可能擅长保护自己的物质财产，但在加强精神疆域方面太松懈了。财产可以再获得，而且还有很多，其中一些至今仍未被人类开采。但时间呢？时间是我们最不可替代的资产，谁都买不到更多的时间，只能尽量少浪费。

12月10日
不要把自己卖得太便宜

我说，谁也不能剥夺我一天的时间，因为我无法从损失中得到完全的回报。

——塞涅卡《论心灵的宁静》，1.11b

人们使用信用卡的时候，花的钱比取出的现金要多得多。如果你想知道为什么信用卡公司和银行如此积极地推广信用卡，这就是原因。你有越多的信用卡，你就会花越多的钱。

我们对待生命中的每一天是否像对待金钱一样？因为不知道自己确切还能活多少天，因为尽最大努力不去想自己有一天会死去，所以我们对自己如何自由地度过时间是相当宽容的。我们让别人和义务强行占据自己的时间，只是很少问：我在这里得到了什么回报？

塞涅卡的格言就像把你的信用卡换成现金，他说要在每一笔交易中都投入真正的思考：我的钱花得值吗？这是公平交易吗？

12月11日
尊严与勇气

正如西塞罗所说，如果角斗士以任何手段即刻拯救自己的生命，我们就会痛恨他们；如果他们藐视自己的生命，我们就会喜欢他们。

——塞涅卡《论心灵的宁静》, 11.4b

林登·约翰逊的大学同学曾经讲过一个关于他的尴尬故事。约翰逊显然是个多嘴多舌的人，他觉得自己必须不断地支配和恐吓别人。然而，他的传记作者罗伯特·卡洛明确指出，当有人站出来反抗年轻的林登时，他证明了自己是个彻头彻尾的懦夫。有一次，在为一场扑克比赛争吵时，约翰逊没有打架，而是扑在床上，“开始发疯似的踢腿……像女孩一样。”他喊道：“如果你打我，我就踢你！如果你打我，我就踢你！”

在晚年，约翰逊也非常努力地工作，以逃避在第二次世界大战中服役。当其他士兵在国外战斗、牺牲时，他却在加利福尼亚过着逍遥的日子。他后来自称是战争英雄，在他最可耻的谎言中，这是其中之一。

我们不需要为了勇敢而忽视自己的人身安全或从事肆意为之的暴力行为，但是没有人会尊重懦夫。没有人喜欢逃避责任的人，没有人会欣赏一个为自己的舒适和需要付出过高代价的人。

这就是对懦弱的讽刺，它的目的是自我保护，但它产生了可耻的秘密。自我保护几乎一文不值，因为反过来它付出了一切。

要勇敢，要有尊严。

12月12日
鼓声不断

> 走过历史的长廊，无数的帝国和王国相继出现。你也能看到未来，因为它肯定会完全一样，无法脱离现在的节奏。无论我们经历了四十年还是十亿年，都是一回事，还有什么可看的？
>
> ——马可·奥勒留《沉思录》, 7.49

万物都会死亡，不仅是人，还有公司、王国、宗教和思想，最终都会死亡。罗马共和国长达450年，罗马帝国长达500年，马可·奥勒留被奉为罗马帝国的“五贤帝”之一。人类有记录的最长寿命是122岁，美国人的平均预期寿命是78岁多一点。在其他国家，或在其他时代，都差不多是这个数字。但最终，正如马可所说，我们都屈从于事件的节奏，一件又一件，而其中总有一件是最后的、决定性的节拍。没有必要细想这个事实，但也没有必要忽视它。

12月13日
这只是一个数字

你不会因为你的体重不是某一重量的两倍而烦恼吧？那么，为什么要为自己只有一定的寿命而不会活得更长而生气呢？正如你对自己的正常体重感到满意一样，你也应该对自己被给予的时间感到满意。

——马可·奥勒留《沉思录》，6.49

他们说年龄只是一个数字，但对一些人来说，年龄是一个非常重要的数字，否则，女性不会谎称自己更年轻，而雄心勃勃的年轻男性也不会谎称自己年龄更大些。富人和健康狂人花费数十亿美元，希望将生命的终止日期从78岁左右延长到永远。

我们能撑过多少年并不重要，重要的是那些年是由什么组成的。塞涅卡有句话说的极是："如果你知道如何使用生命，生命就是漫长的。"遗憾的是，大多数人都不会，而是浪费了被赋予的生命。只有到了为时已晚的时候，他们才会徒劳地希望在时钟上增加更多的时间，来弥补这种浪费。

今天就使用吧，每天都使用吧，让你自己对你所得到的感到满意。

12月14日
最终我们应该知道的事情

> 不久你就会死去，可是你还没有清醒的头脑，无忧无虑，不畏惧外界的侵袭，友善地对待所有人，并深信正义的行为本身便是智慧。
>
> ——马可·奥勒留《沉思录》, 4.37

据我们所知，马可在晚年饱受重病之苦时，写下了许多沉思录。所以当他说，“你很快就会死”时，他是在对自己坦白将死之事。那一定很可怕。他盯着死亡的可能性，不喜欢最后几分钟所看到的一切。

当然，他在一生中完成了很多事情，但是他的情绪，仍是他不舒服、痛苦和沮丧的原因。他知道，在剩下的有限时间里，更好的选择会让他松一口气。

希望你剩下更多的时间，但这使得在你还可以的时候向前推进，变得更加重要。我们直到最后都是未完成的产品，这一点马可很清楚。但是我们知道得越早，就越能享受到劳动给我们的品格带来的果实，就能越早地从虚伪、焦虑、无礼和非斯多葛主义中解脱出来。

12月15日
一个衡量日子的简单方法

这是性格完美的标志——把每一天都当作生命的最后一天来度过，不要狂躁、懒惰或伪装。

——马可·奥勒留《沉思录》，7.69

斯多葛哲学家认为，人无完人。哲学家的最高追求，即成为圣人，是不现实的，这只是他们柏拉图式的理想。

尽管如此，他们每天都希望离这个目标更近一些，在尝试中有很多收获。你真的能把今天当成生命的最后一天吗？是否有可能在我们的精神（品质）中体现完整或完美，毫不费力地在整整24小时内做正确的事情？有可能超过一分钟吗？

也许不会，但如果对斯多葛哲学家来说尝试足矣，那么，对我们来说，也应足矣。

12 月 16 日
永远的健康

我告诉你，你只需要学着像健康的人那样生活……充满自信地生活。什么样的信心？唯有一件事是值得拥有的，是可信赖的，是不受阻碍的，是不能剥夺的——你自己的理性选择。

——爱比克泰德《哲学谈话录》, 3.26.23b－24

正如斯多葛哲学家反复强调的那样，相信在自己控制范围之外的东西是危险的。但你自己理性的选择呢？好吧，现在一切都在你的掌控之中。因此，这是少数几件你可以有信心的事情之一。这是一个健康领域，不会突然得到一个最终诊断（除了我们出生那天都得到的那个诊断）。是唯一一个能够保持原始状态，永不疲劳的领域，只有用户自动退出，但它永远不会把用户逐出。

在这段文字中，爱比克泰德指出奴隶、工人和哲学家都可以这样生活。苏格拉底、第欧根尼和克里安提斯就是这样生活的——即使有家庭的时候，或者还是刻苦学习的学生时，也是如此。

你也可以。

12 月 17 日
了解你自己，不要等到为时已晚

家喻户晓的是，死亡沉重地压在他身上，但死时却是不自知的。

——塞涅卡《梯厄斯忒斯》, 400

世界上一些最有权力和最重要的人似乎几乎没有自我意识，尽管完全陌生的人都知道关于名人的无数琐事，但名人似乎对自己知之甚少——因为他们太忙或太痛苦。

我们可能犯了同样的罪，我们忽视了苏格拉底关于“认识你自己”的格言——常常意识到我们这么做是在冒险。多年后的某一天，当我们醒来，会意识到很少问自己这样的问题：我是谁？什么对我重要？我喜欢什么？我需要什么？

现在，就是现在，你有时间去探索你自己，去了解自己的身心。不要等待，了解你自己吧，不要等到为时已晚。

12 月 18 日
所有人的结局

亚历山大大帝和他的骡子饲养员死后都埋在一处，但一位世世代代皆信服，另一位则散落为尘埃。

——马可 · 奥勒留《沉思录》, 6.24

在一个从很多方面变得越来越不平等的世界里，真正的平等主义者已经所剩无几了。当本杰明 · 富兰克林发现“在这个世界上，除了死亡和税收，没有什么是可以确定的”时，他不可能知道有些人在避税方面有多擅长。但死亡可以吗? 这仍然是每个人都经历的一件事。

我们都面临着同样的结局，无论你是征服了已知的世界，还是为他人擦亮了皮鞋，到最后，死亡都将是一场彻底的平等，一场关于谦卑的教训。莎士比亚让哈姆雷特用直白的语言为亚历山大和尤里乌斯 · 恺撒（Julius Caesar，前100—前44）描绘出其中的逻辑：

专横的恺撒死了，变成了黏土，

可以堵住一个洞来挡风：

啊，那片让世界敬畏的大地，

应该补一堵墙，去除冬天的裂缝!

下次你觉得自己变得又高又强，或者反过来说，觉得自己又低又弱，但只要记住，我们最终的结局都是一样的。在死这件事上，没有人更好，没有人更坏，所有的故事，都有相同的结局。

12月19日
人类尺度

想想整个宇宙的物质，你所占的份额有多小。想一想时间的浩瀚，以及为你标记的那部分是多么短暂。想想命运的安排，想想你的角色是多么微不足道。

——马可·奥勒留《沉思录》，5.24

宇宙中物质的数量是巨大的，是以万亿原子的数量级排列的，那些物质在一个人的身体中所占的比例是多少？

据科学研究表明，地球大约有45亿年的历史，没有任何迹象表明它会很快消失。另外，我们在地球上的时间有多长呢？几十年，也许？

有时候，我们需要把事实和数字清楚地展现在面前，才能充分认识到人类碰巧存在于事物大格局中的规模。

下次当你觉得自己很重要的时候，或者一切事物都取决于你下一步要做什么时，考虑一下这一点。事实并非如此，你只是芸芸众生中的一个，在芸芸众生中尽力而为，这就是你需要做的。

12月20日
对死亡的恐惧

> 那么，你有没有想过，人类最大的罪恶，最卑鄙、最懦弱的标志，不是死亡，而是对死亡的恐惧？我力劝你们克制自己，不受这种恐惧的影响，用这种方式指导你们所有的思考、练习和阅读，你们就会知道通往人类自由的唯一道路。
>
> ——爱比克泰德《哲学谈话录》，3.26.38－39

为了在自杀前锻炼自己，而不是屈服于恺撒对罗马共和国的毁灭，伟大的斯多葛哲学家加图读了一点柏拉图的《斐多》(*Phaedo*)。柏拉图在书中写道："面对死亡，我们内心深处的孩子会颤抖。"死亡是可怕的，因为充满未知。没有人能回来告诉我们死亡是什么样子，我们对其一无所知。

世界上最长寿的人似乎从不惧怕死亡，这是有原因的：他们比我们有更多的时间去思考死亡（而且他们意识到担忧是多么没有意义）。塞涅卡的家人和朋友被执行死刑时，精神崩溃，向刽子手祈求，他温和地责备道："你的哲学格言去哪儿了，你准备了多年的、用来对付邪恶的研究去哪儿了？"在整个哲学体系中，勇敢的人，无论男女，都有鼓舞人心的、勇敢的话，能够帮助我们面对这种恐惧。

斯多葛哲学对死亡还有一个有益的思考。如果死亡真的是终结，那么到底有什么好害怕的？从你的恐惧到痛觉感受器官，再到你的忧虑和遗愿，都会随着你一起消失。尽管死亡看起来很可怕，但请记住：它包含着恐惧的终结。

12 月 21 日
这些年你都在展示什么

很多时候，--个老人除了他的年龄之外，没有其他的证据来证明他已经活了很长时间。

——塞涅卡《论心灵的宁静》, 3.8b

你活了多久了？以年为单位，乘以365，再乘以24，你已经活了多少个小时？你一定要向大家展示什么？

对很多人来说，答案是：不够。我们有那么多的时间，总认为这是理所当然的。在这个星球上，我们要做的就是打几轮高尔夫，在办公室里待上几年，看普通的电影，读一堆几乎不记得读过的书，也许还有一个堆满玩具的车库。我们就像雷蒙德·钱德勒《漫长的告别》(*The Long Goodbye*) 中的角色："大多数时候，我只是消磨时间，时间很难熬。"

总有一天，我们的时间会开始耗尽。如果可以说："嘿，我真的充分利用了它。"不是以成就的形式，不是以金钱的形式，也不是以地位的形式，你知道斯多葛哲学家是怎么想的，是以智慧、感知的形式，以及在所有人类都在与之斗争的事情上取得真正进步的形式。

如果要说你真的做了些什么，有哪些事情、记忆或成果能够证明你活过的岁月呢？不仅仅是活在当下，而且活得充实，你会怎么做呢？

12 月 22 日
坚持自己的主张

因为一个老人，或者一个即将步入老年的人，只把知识记在笔记本里是可耻的。这话芝诺说过……你说呢？克里安提斯说过……你说呢？你会被别人的要求强迫多久？承担责任，坚持自己的主张——这是后人将铭记于心的东西。

——塞涅卡《道德书简》, 33.7

拉尔夫 · 沃尔多 · 爱默生在他的笔记本中沉思着永生这个话题，他抱怨说，作家们总是依靠引用来绕过一个困难的话题，他写道：“我讨厌引用，告诉我你知道些什么。”

塞涅卡在20个世纪以前就在提出同样的挑战。引用很容易，就是依赖别人的智慧话语。尤其是当你要听从的人，是非常伟大的人物的时候！

独自一人出去表达自己的想法是很困难的（而且还很吓人）。但是，你认为这些来自那些杰出人物的睿智且真实的名言是怎么来的呢？

你自己的经历是有价值的，你也积累了自己的智慧。坚持自己的主张，为岁月写下一些东西——文字和例子。

12 月 23 日
你那么害怕丢东西吗

你怕死亡。可是，来吧，你这一生除了死亡，还有什么别的吗？

——塞涅卡《道德书简》, 77.18

塞涅卡讲述了一个神奇的故事，关于一个非常富有的罗马人靠奴隶用轿子抬来抬去的故事。有一次，奴隶把这位罗马人从浴缸里抬出来，他问道："我坐下来了吗？"塞涅卡的观点基本上是，如果你与世界如此隔绝，甚至不知道自己是否在地面上，这是一种多么可怜可悲的生活啊！这个人怎么知道自己是否还活着？

我们大多数人都害怕死亡，但有时这种恐惧指向了一个问题：究竟要保护什么？对很多人来说，答案是：长时间看电视、闲聊、大吃大喝、浪费潜力、无聊的工作报告，等等。严格意义上讲，这真的是一种生活吗？这样的生活值得我们紧紧抓住且害怕失去吗？

听起来不像。

12月24日
毫无意义……就像美酒

你知道葡萄酒和烈性甜酒的味道，无论是一百瓶或者一千瓶，通过你的膀胱，你不过是个过滤器罢了。

——塞涅卡《道德书简》, 77.16

此处，我们引用了一个轻蔑的表达，出自塞涅卡，他以富有而闻名于世，可能时不时地会喝上一杯美酒。他的观点可能会让任何一个因为成功和成年而变成假装很懂葡萄酒的人感到不安（这种逻辑同样适用于美食家、技术人员、音响发烧友等）。

尽管这些乐趣是有趣的、令人兴奋的、令人愉快的，但值得把它们放在该放的位置。你不会因为比其他人消费得多、工作得多、花得多、收藏得多，或对各种葡萄酒了解得多，而在生命的尽头得到奖赏。你只是一个管道，一个暂时容纳或与这些奇特物品互动的容器。

如果你发现自己对它们有强烈的欲望，这种冥想可能会让它们的光泽稍微暗淡。

12 月 25 日
蜡烛不要两头点燃

大脑必须得到放松，好好休息之后，它会变得更好、更敏锐。就像肥沃的土地不能强迫耕种一样，如果不给它们一个休息的机会，很快就会失去肥力，因此，在铁砧上不停地工作会破坏思想的力量。但如果释放和放松一段时间，它就会重新获得力量。不断地工作使理性的灵魂变得迟钝和虚弱。

——塞涅卡《论心灵的宁静》, 17.5

读过马可·奥勒留和塞涅卡的作品，你一定会被这两个截然不同的人物之间的差异所震撼，每个人都有自己的优缺点。你更愿意把一个帝国的重任托付给谁呢？或许是马可。但作为一个人，你更愿意做谁呢？或许是塞涅卡。

其中一个原因，是塞涅卡似乎拥有我们现在所说的工作与生活的平衡。马可的文字，读起来似乎让人精疲力竭、疲惫不堪，而塞涅卡的读起来总是令人感到精力充沛、精神饱满。他休息和放松的哲学与他严谨的学风和其他斯多葛哲学家的仪式混合在一起，可能与此有很大关系。

大脑是一块肌肉，它可能会紧张、劳累，甚至受伤。我们的身体健康也被过度的承诺、缺乏休息和坏习惯所侵蚀。

人生是一段漫长的旅程，它意味着许多需要考验你耐心、专注、创造的时刻。如果你过度劳累，你能应付得了吗？如果你一直在虐待和过度使用你的身体呢？

12月26日
如果你知道如何利用生命，生命便会长久

并不是我们活的时间太短，而是我们浪费了很多时间。生命是足够长的，如果我们好好利用它，就有足够的时间去做许多伟大的事情。但当生命被排入“奢侈”和“忽视”的下水道，当生命被用在没有好结果的地方，最终在我们意识到生命已逝之前就已逝去了。所以，我们的生命并不是短暂的，而是我们自己把它缩短了。

——塞涅卡《论生命之短暂》, 1.3 – 4a

没有人知道人们还能活多久，但不幸的是，我们可以确定一件事：我们将浪费太多的生命。浪费时间无所事事，浪费时间去追逐不对的事情，浪费时间拒绝问自己什么对自己真正重要。太多时候，我们就像彼特拉克（Petrarch）在他那篇关于无知的经典文章中批评的那些过于自信的学者一样，“不断浪费自己的能力去关心自己之外的事情，并在那里寻找自我”。但这些人并不知道自己在做什么。

所以今天，如果你发现自己很匆忙，或者说“我没有足够的时间”，停下来休息一下。问问自己：真该这样吗？或者你只是做了很多不必要的事情？你是否真的很有效率，或者你是否认为生活中浪费了很多？美国人平均每年在交通上花费大约40个小时。一生加起来就是几个月的时间。对于“交通”，你可以用很多活动来代替，从和别人打架到看电视再到做白日梦。

你的生命很长，要好好利用它。

12 月 27 日
不要让你的灵魂先行离开

当灵魂首先屈服而肉体拒绝时，这是人生的耻辱。

——马可 · 奥勒留《沉思录》, 6.29

尽管享有特权，马可 · 奥勒留却过着艰难的生活。罗马历史学家卡西乌斯 · 狄奥（Cassius Dio，155—235）若有所思地说，马可“没有得到他应得的好运，因为他身体不强壮，实际上在他整个统治期间卷入了许多麻烦”。有一次，他病得很重，以致谣言四起，说他已经死了，而当他最信任的将军利用这个机会宣布自己为新皇帝时，事态更加恶化。

多年的战争，严重的疾病，他麻烦缠身的儿子，但马可 · 奥勒留从未放弃。如果我们今天累了，沮丧了，或者不得不应对一些危机，可以想想这个鼓舞人心的故事。这是一个完全有理由愤怒和痛苦的人，他本可以放弃自己的原则，过上奢侈或安逸的生活，他本可以把自己的责任放在一边，专注于自己的健康。

但他从来没有这样做过，即使身体虚弱了，他的灵魂依然坚强。他没有放弃，直到他的身体最终倒下，他于180年在维也纳附近去世。

12月28日
关于回忆

记忆只能留存一日，记忆者与被记忆者都是一样的。

——马可·奥勒留《沉思录》, 4.35

沿着纽约曼哈顿41街，走向美丽的纽约市公共图书馆，那里有雄伟的石狮。在去"图书馆之路"的路上，你会经过一块铺在水泥上的金色标牌，这是历史上很多伟大作家的语录的一部分。有一句出自马可·奥勒留："记忆只能留存一日，记忆者与被记忆者都是一样的。"

图书馆是由约翰·默文·卡雷尔（John Merven Carrere）的公司设计，他是20世纪最有成就的建筑师之一。图书馆汇集了塞缪尔·蒂尔登（Samuel Tilden）、约翰·雅各布·阿斯特（John Jacob Astor）和詹姆斯·勒诺克斯（James Lenox）等名人和慈善家的作品。如今，冠名权属于对冲基金经理史蒂芬·施瓦茨曼（Stephen A. Schwarzman）。1911年，美国总统威廉·霍华德·塔夫脱（William Howard Taft）、州长约翰·奥尔登·迪克斯（John Alden Dix）和纽约市市长威廉·杰伊·盖纳（William Jay Gaynor）出席了图书馆的开馆仪式。你在路上经过的牌匾是由杰出的格雷格·勒费弗（Gregg LeFevre）设计的。马可的话让我们深思：我们听说过多少这样的人？与图书馆故事相关的人都是世界上最有名的人物。在"图书馆之路"上，许多著名作家对现代读者来说也是陌生的。他们都已远去，那些记得他们的人也早已远去。我们所有人，包括马可（许多对其一无所知的行人经过，毫无察觉），最多只能坚持一天。

12 月 29 日
心怀感恩之情

在任何事情上，我们都应该尽量让自己满怀感恩之情。因为心怀感恩，受益的是自己。相比之下，从某种意义上说，正义并非如此，人们通常认为正义属于他人。感恩之情会在很大程度上回报自己。

——塞涅卡《道德书简》，81.19

想想你今天能感恩的所有事情，你活着并生活在一个和平为大局的时代，你有足够的健康和闲暇来读这本书。那些小事情呢？对你微笑的那个人，为你开门的那个女人，收音机里你喜欢的那首歌，宜人的天气。

感恩是会感染人的，它的积极性是光芒四射的。

即使今天是你在世上的最后一天，如果你提前知道今天会在几个小时内结束，你还会有很多值得感恩的事情吗？如果你每天都这样开始，你的生活会变得多美好啊。如果你让它从早到晚触及你生活的每一个部分，该多好啊。

12 月 30 日
解决困难

平静地承受考验能消除力量和负担带来的霉运。

——塞涅卡《大力神安泰》(*Hercules Oetaeus*), 231 – 232

你钦佩的人，那些似乎能够成功地处理和应对逆境和困难的人，他们有着什么共同点呢？拥有平衡感，生活工作井然有序。在最后关头，在批评声中，在一场令人心碎的噩运之后，在充满压力的时期，他们继续前行。

不是因为他们比你强，不是因为他们更聪明，而是因为他们知道了一个小秘密。无论遇到何种困境，只要带着冷静的心态，你就可以最大程度地解决困难，同时，还要事先思考和筹划。

这不仅适用于我们日常的逆境，也适用于最重大、最不可避免的考验：自己的最终死亡。死亡，也许明天就会发生，也许40年后就会发生。它可以是快速的、无痛的，也可以是痛苦的。在这场考验中，我们最大的财富不是宗教，甚至也不是哲学家的智慧之言。简单地说，就是我们冷静理智的头脑。

12月31日
积极自救

> 不要踌躇！你不太可能读你自己的笔记或古代的历史书，或你为了在年老时欣赏而收集的选集。为生活的目标而忙碌，抛开空洞的希望，如果你真的在乎自己的话，就要积极地去自救，并在力所能及的时候去做。
>
> ——马可·奥勒留《沉思录》，3.14

我们所有的阅读和学习的目的是帮助我们追求美好的生活（和死亡）。在某种程度上，必须把书放在一边，采取行动。所以，正如塞涅卡所说，“将语言变成作品”。现实中，我们时常在自己的决定间摇摆，既想成为学者又想做打胜仗的战士。

这就是你接下来要做的，向前进。答案不是再读一本书，而是正确的选择和决定。谁知道你还剩多少时间，明天又有什么等着你呢？

坚持践行斯多葛哲学

我们希望这本书能在一年中为你带来一些改变（即使你没有按照日期顺序通读本书，也没有人责怪你。无论你采取怎样的阅读方式，我们都很高兴。）那么，下一步是什么呢？我们希望你能参与到斯多葛哲学中来，让斯多葛哲学成为你每日的生活实践。